なぜ日本だけが中国の呪縛から逃れられたのか

「脱中華」の日本思想史

石 平

Seki Hei

PHP新書

まえがき

思想史の専門家でも何でもない私が、「日本思想史」をテーマとするこの書物を著したのは、「なぜ日本は、中国文明の圧倒的な影響力に呪縛されなかったのか」「なぜ日本文明は、独自の文明たりえたのか」という課題を探究したいと思ったためである。

この課題に取り組もうと思い立ったきっかけの一つは、日本思想史について自分自身が昔から抱えてきた大いなる疑問にあった。私が日本思想史に初めて触れたのは、今から二十数年前、神戸大学大学院の博士課程で学んだ留学生時代のことだったが、関連の書物を何冊も読んでいるうちに、不可解なことに突き当たったのである。それは、江戸期以前の時代では、日本の代表的な思想家はほとんど仏教の世界の人間であるのに対し、江戸期に入ってからの代表的な思想家はほとんど儒学者だったことであった。

歴史的には、儒教と仏教は六世紀頃、ほぼ同時に日本に伝わってきたはずである。だが、儒教と仏教では、明らかに受容の仕方がまったく違っていた。江戸期以前の時代に出現した代表的な思想家の名を挙げると、最澄《さいちょう》、空海《くうかい》、空也《くうや》、源信《げんしん》、親鸞《しんらん》、日蓮《にちれん》など、皆、仏教の精神的指導者である。そして面白いことに、江戸期以前の日本には、儒学者として思想史に大きな足跡を残すような人物は一人もいなかった。

しかし江戸期になると、状況は正反対となる。江戸時代の代表的な思想家として、林羅山《はやしらざん》、山崎闇斎《やまざきあんさい》、荻生徂徠《おぎゅうそらい》、伊藤仁斎《いとうじんさい》、中江藤樹《なかえとうじゅ》などの名が挙げられるが、彼らは全員儒学者である。このうち山崎闇斎は出自こそ僧侶であるが、思想家としては、あくまでも儒学者であった。しかしその反面、江戸時代を通して、仏教の世界においては、これといった思想家は少ない。

これは、なぜなのか。このことは、中国からやってきた私の目には、いかにも「奇妙な現象」として映った。

しかし不思議なことに、日本思想史に関するさまざまな文献を読み漁《あさ》っても、この「奇妙な現象」についての疑問に答えてくれるような書物には、ついに一冊も出会わなかったのである。それどころか、日本思想史の学術研究の世界でも、そのことが問題として提起された痕跡すらなかった。

ならば、自分の力で自分の疑問を解いていく以外に道はない。その結論に達した私は、この十数年間、中国問題に関する考察と著作活動の傍ら、自力で日本の思想史を学び、思索を続けてきた。

昨年あたりからやっと、何とか自分なりの答えが見つかったように思えるようになった。前述の「奇妙な現象」の謎を解いてみせる自信も深まった。

そこで、本書の執筆に取りかかったわけだが、書いているうちに、実は本書の問題提起は、日本という国のアイデンティティ、そして日本人の考え方と中国人の考え方の相違を考えるうえで、大変重要な意味を持っていることに気がついた。

飛鳥時代や奈良時代といった遠い昔から日本人は、中国から儒教を学び、中国を経由して仏教を学び、そして儒教と仏教を含めた多くの文明的・文化的要素を大陸から取り入れてきた。しかし、日本人の精神や思想は、けっしてそのまま中国からの影響下において形成されたのではなかった。

現代でも日本人の思考法や行動原理は、明らかに中国とは異なった独自のものだが、それは一体、どうやって形づくられてきたのか。中国とは異なる、日本の精神や思想の「独自性の源」は一体どこにあるのか。

これらの問題は、学問の世界だけでなく、普通の日本人にとっても関心のある大問題であるはずだ。本書はまさに、日本思想史を独自の視点で検討することを通じて、この大問題を探究するものである。

探究のキーワードは、本書の副題となる「脱中華の日本思想史」である。いかにして「中華」から脱するかという視点から日本の思想史を読み直してみれば、今まで見たことのない新しい地平が、実にはっきりと目の前に浮かんでくる。新たな視点から日本思想史を見直していく作業は、必ずや日本の読者の皆さまにとっても、知的刺激に満ちた冒険になるはずである。

最後に、本書の企画に多大なご理解を示し、編集制作にご尽力いただいたPHP研究所第一制作部の川上達史編集長に感謝の意を表したい。そして本書を手にとっていただいた読者の皆さまにも、心から御礼を申しあげたい。

平成二十九年十二月
大阪市阿倍野区天王寺界隈・独楽庵にて

石　平

なぜ日本だけが中国の呪縛から逃れられたのか　目次

第一章　飛鳥・奈良時代――脱中華から始まった日本の思想史

第二章　平安から室町——仏教の日本化と神道思想の確立

第三章　江戸儒学の台頭と展開——朱子学との戦いの軌跡

第四章　国学の快進撃――日本思想史のコペルニクス的転回

序章　思想としての「中華」とは何か

政治権力を正当化する「御用思想」としての儒教

中華文明は、世界最古の文明の一つであり、とりわけアジアにおいて圧倒的な影響を周辺諸国に与えつづけてきた。だが、東アジアにおいて、ただ一つだけ、中華文明から完全に脱却し、独立自尊の文明国として立ちえた国があった。

その国こそ、日本である。

なぜ日本は、これほど巨大な中華文明から離脱することができたのか。その秘密を「思想史」的に辿ろうというのが、本書のねらいである。本書のテーマは、「脱中華の日本思想史」である。

このことについて考えるためには、まず初めに、思想としての「中華」とは何かということを明らかにしておかねばなるまい。序章ではまず、この「中華とは何か」という問題について見ていくことにしたい。

中国の長い歴史のなかで、特に紀元前五世紀から紀元前三世紀にかけての春秋末期と戦国時代において、いわゆる「諸子百家」と呼ばれる思想家が輩出した。儒家、道家、墨家などの思想である。

しかし紀元前二〇六年から中国を支配した前漢王朝の時代、皇帝の政治権力によって「儒家の思想」だけが国家的イデオロギーに祭り上げられて、いわば「国教」としての儒教となった。それ以降の二千数百年間、「儒教思想」はほとんどの期間を通じて支配的地位を保ち、中国思想の中核をなしてきた。

儒教は、中国の「国教」として君臨したその長い歴史を通じて、皇帝の権力を後ろ盾として中国における支配的地位を得ていた。当然、儒教は皇帝に奉仕するべき存在であった。そのために儒教は皇帝の権力と権威を正当化するような思想と化してしまい、いわば「御用思想」としての性質を帯びるようになった。

というよりもむしろ、最初から政治権力を正当化するような性格を持っていたからこそ、儒教思想は漢王朝皇帝のメガネに叶って国家的イデオロギーとして採用されたのである。そして同じ理由によって、儒教は前漢王朝以後の中国歴代王朝でも重宝されつづけた。

かくして、前漢王朝以来の中国思想史において、政治権力を正当化し、それを補完する役割を担うことが、儒教思想の最大の特徴となった。このような儒教思想が、中国思想の中核を占めてきたのである。

日本が中華文明からの影響を受け始めたのは、前漢王朝のあとの後漢時代（西暦二五～二二〇年）であり、中国思想が本格的に日本に伝来したのは、後漢の時代から遥かのちの隋（五八一〜六一八年）や唐（六一八〜九〇七年）の時代である。したがって、日本に伝来して、さまざまな影響を及ぼした中国思想は当然、「儒教」を中核とする中国思想であった。

天命思想が、なぜ中国史の悲劇を生んだのか

このような中国思想の中身とは何であったのか。

「政治権力を正当化する」ための思想としての儒教思想には、以下に述べるような三つの思想的要素がある。

中核的な要素の一つはすなわち、「天命思想」と呼ばれる考えである。

儒教思想の世界観においては、自然万物・森羅万象の絶対的支配者は「天」というものである。それは自然界の「天空」であると同時に、キリスト教のいう「神」に相当する、唯一にして全知全能の神聖なる存在である。

森羅万象と同様、「天下」と呼ばれる人間世界も「天」によって支配されている。しかしその場合、「天」というのは沈黙の支配者であって、自らの意思を何も語らない。

ならば「天」は一体どうやって人間世界を支配するのか。そこで出てくるのが、「天子」

と呼ばれる皇帝の存在である。

「天」は自らの意思を直接、語りはしないが、人間の世界から誰かを自分の「子」として選び、「天子」であるこの人に支配権を委譲する。そして「天子」を通して人間世界を支配するのである。

その際、「天」が人間世界の支配権を特定の人間に委譲することは、すなわち「天命」をこの人に下すことであり、「天子」に選ばれて天命を下された人間がすなわち皇帝となる。さらに、委譲された支配権は、「天命」を下された皇帝本人が持つだけでなく、その子孫にも受け継がれていくこととなる。

皇帝とその子孫たちの統治権は「天」から委譲されたものであるとされるので、その正当性はまさに神聖なる「天」によって保証されたものとなる。人間世界の誰もが認めるべきものであって、人は誰もが、「天」の子である皇帝に服従しなければならない、という理屈になる。「天命思想」はまさにこのようにして、皇帝という権力者の権威と権力を正当化し、人々を従わせようとするのだ。

しかし、「天」が誰かを選んで天命を下し、支配権を譲ることができるなら、「天」は支配権の委譲を撤回することもできることになる。もし、「天」から支配権を譲られた皇帝とその子孫が、「天」の意思に背いて悪事を働いたり責務を放棄したりして天下を乱したら、「天」はいつでも自らの下した天命を撤収して、それを別の人に下す。つまり別の人間を「天子」として改めて選び、天下の支配権をこの人に譲るのである。

「天」が「天命」を今の皇帝から回収して別の人に下すことが、すなわち「革命」である。「革命」という漢語の本来の意味は、まさにこのことを指す。

天が「革命」を行なった結果、天下の支配権は当然、「劉」や「楊」などの姓を持つ皇帝とその一族から、「李」や「朱」など、別の姓を持つ人とその一族に移っていくことになる。この政治的大変動が、すなわち、中国史を彩る「易姓革命」である。

もちろん、実際の易姓革命は大抵、前王朝の失政によって天下が乱れた結果、誰かが反乱を起こして前王朝を潰し、新しい王朝を立てる、というプロセスである。だがとにかく「天命思想」の理論上においては、このような政治変動は、「天」の意思による「易姓革命」の実現として解釈されるのである。

こうしてみると、儒教の「天命思想」は、皇帝の政治権力を正当化する思想であると同時に、皇帝の政治権力の剥奪と権力の交代を正当化する思想でもある。このようなイデオロギーの支配下では、王朝と皇帝の権力は「天命」によって保証されるが、同じ「天命」によって「易姓革命」の正当性もまた保証されることになるのである。

それゆえ天命思想の下では、「皇帝による人民の絶対的な支配」が中国歴代王朝の絶対的政治原理となる一方で、皇帝の絶対的支配を打ち倒して新しい皇帝の支配権を確立する「易姓革命」もまた、伝統的な政治原理となった。この二つの政治原理が同時に働いた結果、社会的大動乱や内戦の周期的発生と、政治権力の残酷さが、中国政治を彩る大きな特徴となっていったのである。

これはつまり、こういうことである。一人の皇帝が王朝を立てて支配体制を確立すると、神聖なる「天」によって「天命」が自分と自分の子孫に下されているとの論理から、皇帝は自分と自分の一族こそが天下の主人だと思ってしまう。そして天下万民を「私物化」してしまい、収奪と支配をほしいままにするのである。

その一方で、皇帝とその一族は、易姓革命の発生を何よりも恐れる。それゆえ、日々、国内のあらゆる不穏な動きに目を光らせ、危険分子と思う人々に容赦のない弾圧を加える。「易姓革命」の原理においては、天下万民の誰もが反乱を起こして新たに天命を勝ち取る可能性があるわけだから、皇帝とその一族にとって、民衆は「支配・収奪の対象」であると同時に、常に監視して統制しておかなければならない「敵」でもあるのである。

かくして中国では、天下万民は支配・収奪・統制の対象となり、常に不平不満を持つ存在になる。それゆえ王朝の支配と収奪の度が過ぎて、人々の最低限の生存権が脅かされるようになると、人々のなかから必ず反骨の人が出てきて、自分こそが新たな「天命」を受けたと宣言して反乱を起こす。そしてその反乱が成功すれば、反乱者は必ず前王朝の皇帝一族を根こそぎ殺してしまい、死屍累々の上に新しい王朝をつくり、前王朝の行なった支配と収奪と統制を繰り返していくのである。

だが、周期的な「易姓革命」が起きるたびに、中国という国は短くて十数年、長ければ百年以上の内戦状態に陥ってしまい、時には国民の半分以上がそのなかで命を失うことになる。しかも、「易姓革命」の動乱と内戦が起きるたびに、今まで蓄積してきた社会の富と文化的財産が破壊し尽くされ、歴史が一度リセットされることになる。

このように、中国の長い歴史において、天命思想と易姓革命から生まれたものは、支配と収奪と統制、そして周期的な動乱と戦争であった。このような歴史は天下万民にとって、苦難の連続以外の何ものでもなかった。

「徳治主義」という欺瞞と、その運用

前述の天命思想とセットになって皇帝権力の正当化を支えるもう一つの儒教思想は、「徳治主義」と呼ばれる考えである。

前述のように、神聖なる支配者の「天」は、人間世界から誰かを「天子」として選んで支配権を委譲することにしている。その際、「天」が「天子」を選ぶときの基準が何かが、まず重要な問題である。

儒教の解釈では、その基準となるものがすなわち「徳」である。「天」は天下万民のなかから一番「徳」のある者を選んで、天下の支配を委ねるのである。

このような解釈は、逆に言えば、「天」によって「天子」に選ばれた人は最初から「徳のある人格者」だという理屈になる。易姓革命で勝ち上がった人が実際にはどんな人であろうと、皇帝になった以上、その人間に「徳」があるから「天」の代行として天下万民を支配する資格を得たことになるのである。

もちろん、このような言説は、皇帝の政治支配を正当化するための欺瞞以外の何ものでもない。実際の中国史においては、反乱を起こして前王朝を潰して自らが皇帝となった人間が「徳のある人格者」であるケースはほとんどない。前漢王朝を創設した漢の高祖・劉邦のように、ならず者からのし上がって皇帝となった人の方がむしろ多い。

そもそも、目的達成のためにはどんな手段でも平気で用いるような悪人でなければ、前王朝崩壊後の戦乱を勝ち抜いて天下を取れるはずもない。「徳のある人格者」が「天」によって選ばれて皇帝になるというのは、単なる天命思想による皇帝権力の粉飾にすぎない。儒教思想はもともと、そのためにあるものなのである。

ただし、王朝の創設者がどんな人であろうと、一つの王朝が成立して安定期に入ると、「徳のある者が天下を支配する」という徳治主義の考えは、ある程度、皇帝の政治を善い方へと導くような役割を果たすこととなる。

少なくとも建前上においては、天下を支配するのは「徳のある者」でなければならないから、皇帝たちはさまざまな形で自分が「徳のある皇帝」、すなわち「聖君」であることを証明してみせなければならないし、そのためにさまざまな「善政」を行なわなければならない。国のなかで飢饉や災害が起きたら、民を救済するのはまさに「徳のある皇帝」の責務であり、「聖君」である皇帝としては当然、何とかしなければならない。

王朝がたいへんな失政によって国家と民衆に災難をもたらした場合、自分の「不徳」を天下万民に謝る皇帝もいる。皇帝が自分の「不徳」を謝るというのはやはり、皇帝は「徳のある者」でなければならないという前提があってのことであろう。

ちなみに、今の日本でも、組織のトップや社会的地位の高い人がときどき、「私の不徳の致すところ」と言って謝ることがあるが、実は、これは昔の中国流の「徳治主義」の名残りである。平社員や普通のサラリーマンが失敗をしても、「私の不徳の致すところ」とは言わない。それを言うのは、組織のトップや社会的地位のある人の「特権」である。なぜなら、それは昔の中国で、皇帝にだけ許された台詞だったからである。

このように、「徳のある者が天下を支配する」という徳治主義の下では、皇帝はまず「聖君」でなければならないが、それと同様に、皇帝の手足として天下万民の支配を補佐する官僚にも「徳」が求められる。「天」が徳のある者を選んで天下の支配を委ねたのであれば、支配権を委ねられた皇帝も当然、「徳のある者」を官僚として選んで、その天下支配の手足として使わなければならない、という理屈だ。

だから儒教思想が「国教」となった前漢と、それを継ぐ後漢王朝の時代には、官僚を選抜する制度として「挙孝廉」というものがあった。清廉潔白で親孝行の好青年を地方から選抜して官僚に挙げる、という制度である。つまり官僚を選抜するための基準は、知識や能力などよりもまずは「徳」であり、清廉と親孝行が官僚になるための条件だったのである。

このような制度は、まさに徳治主義の最たるものであるが、後世になると、官僚としての仕事をこなしていくのにやはり書類づくりなどの実務能力が必要とされるから、隋王朝の時代から科挙制度が導入されて、ペーパーテストによる官僚選びが定着した。

しかし、それでも徳治主義の原則が放棄されたわけではない。科挙試験の必須項目は儒教思想であるから、儒教の唱える「忠」や「義」や「孝」などの徳目はやはり、ペーパーテストにも織り込まれた。

時代が下って南宋王朝になると、儒教の変種である朱子学が誕生した。そしてこの朱子学において、官僚になる者に対する徳治主義の要求が具体化された。それがすなわち、「格物、致知、誠意、正心、修身、斉家、治国、平天下」という朱子学の「八条目」である。この「八条目」については本書の第三章で詳述するが、簡単に言えば、「治国、平天下」の抱負を抱いて官僚になろうとする人たちに対し、「誠意、正心、修身」などの人格の陶冶や道徳の修養を求めるものである。

自らの人格を高めて、きちんとした道徳観を養った人間は「国を治め天下を平定する」資格がある、というこの八条目こそ、中国伝統の徳治主義の真髄であり、徳治主義の方程式化なのである。

中国皇帝が世界を支配する——「華夷秩序」の考え方

ここまで見てきた天命思想と徳治主義と並び、儒教的な中国思想のもう一つの重要な側面となるものが、すなわち「中華思想の世界観」である。

「中華思想」とは何か。論者によってさまざまな定義や解釈があるが、筆者自身の言葉でいえば、それは要するに、中国伝来の自己中心の「天下イズム」というべきものである。そしてそれは、前述した天命思想とまさに一蓮托生の関係にある。

この天下イズムの世界観とは、要するにこういうものだ。近代以前の中国人にとって、自分たちの住む「中華」という地域空間は実は、地球上の限られた一地域でもなければ、固有の境界線を持つ一つの「国」でもなかった。それはまさに「天下」であり「世界そのもの」だったのである。

彼らの世界観はこうである。この世界の上には「天」というものがあり、「天」が宇宙の森羅万象のすべてを支配している。一方、「天下」、すなわち天の下の世界では、天帝の子である「天子」が、天命を受けて唯一の統治者となる。

そして、中国の歴代王朝の皇帝こそ、この天命を受けた天子であり、彼こそ「天の下」の世界の頂点に立つ「唯一の主権者」なのである。

したがって、天子を戴く中国の王朝、すなわち中華朝廷は当然、世界のすべての地域を支配下に収めるべき存在だということになる。中華朝廷の支配が及ぼす範囲は、すなわち世界そのものだと考えるのである。

『詩経』や『荀子』『韓非子』『呂氏春秋』などの中国古典に度々出てくる有名な言葉がある。「普天《ふてん》の下《もと》、王土に非《あら》ざるは莫《な》く、率土《そつと》の浜《ひん》、王臣に非ざるは莫し」（天下のもの全て、帝王の領土でないものはなく、国のはてまで、帝王の家来でないものはいない）というものである。中国の知識人なら誰でも知っているこの十六文字の漢文（普天之下、莫非王土、率土之浜、莫非王臣）にこそ、中国伝来の世界観が凝縮されている。いわゆる中華思想とは、まさにそういうものである。

近代以前の中国人はさらに、中華王朝が代表する中華文明こそ、この世界で唯一最高の文明だと思い込んでいた。つまり彼らからすれば、人間が住む文明の世界とは、儒教文化を中心に構築されている中華文明の世界であり、それ以外には文化もなければ文明もないということになる。

もちろん彼らも、この中華世界以外に、自分たちとまったく違う伝統や生活習慣を持つ民族が存在することを知っている。しかし彼らは、それらの周辺民族に文明・文化があるとは決して認めない。中華世界の住人たちは周辺の諸民族を呼称するのに、昔から「東夷・西戎・南蛮・北狄」という特別用語を好んで使っていたが、夷・戎・蛮・狄は語源を辿れば全部、獣や虫を指す言葉である。つまり中華世界の住人たちからすれば、自分たちの周辺で暮らしている諸民族は文明人であるわけがなく、いまだに文明化されていない獣同然の「野蛮人」なのである。

このような見方を「華夷秩序」という。

ただし中華世界の人々は、周辺民族が永遠に獣同然の状態にとどまるとは思っていない。「東夷・西戎・南蛮・北狄」たちは、中華世界より辺鄙な地域に住んでいるが故に、中華文明の影響と恩恵をまだ受けていない「化外《けがい》の民」なのである。そして彼らはいずれ、中華文明からの影響、すなわち「教化」を受けて、文明化していくことになる。というよりもむしろ、偉大なる中華文明に「教化」されることによって、やがて文明化していくことが「化外の民」たちの運命なのである。

逆に言えば、周辺の「化外の民」を教化して、彼らを文明の世界すなわち中華文明の世界へと導くことが、中華世界の責務とされている。そのなかでも特に、中華世界の頂点に立って中華文明を代表する「天子」としての皇帝は、自らの「徳」をもって周辺諸民族を「教化」して文明へと導くという大いなる使命を負っていると考えられた。それもまた、天子の背負う「天命」の一部であるのだ。

唯我独尊の中華思想からいかに脱するか

このような「教化」の思想は当然、前述の徳治主義の思想ともつながっている。中国の皇帝は「徳のある者」だから、その「徳」を世界全体に広め、世界全体を「教化」していかなければならない。それはまた、皇帝の背負う「天命」の一部となっている。

つまり、「中華思想」という唯我独尊の発想法に、儒教的中国思想の重要要素である天命思想や徳治主義が入り込んでいるのであり、同時に、天命思想や徳地主義が、中華思想を根底から支えているのである。天命思想と徳治主義と中華思想の三つが渾然一体となって、中国思想、すなわち本書でいう「思想としての中華」を形作っているのである。

したがって日本人にとっては、このような唯我独尊的な中華思想の世界観からどうやって脱するかが、思想史上の大問題となる。そこから脱することができなければ、日本は永遠に「化外の地」として、中国皇帝と中華文明から「教化」されなければならない立場に置かれるからである。それでは日本独自の文明も独自の思想も確立できるはずがない。

その点で言えば、本書の第一章で詳しく記していくように、日本人が中華文明から多くのことを学んでいた古代の段階からすでに、中華思想の世界観からいかに脱出するかをもっとも重要な政治的および思想的課題として捉えていたことは、特筆すべきことである。日本人はそのために国を挙げて、多大な努力を払ってきたのである。日本の思想史はまさにここから出発し、独自の道を歩んで、今日に至るのである。

日本人は最初から、中国伝統の「天命思想」を排斥して、独自の神話に基づく政治的支配権の解釈を行ない、中国とはまったく異なった政治体制と国の形を作り上げていった。現代に至るまで日本の国体の中核をなす天皇と皇室のあり方が、まさにそれである。

また、江戸時代になると、日本人は中国流の「徳治主義」の完成形である朱子学とも格闘し、朱子学を排斥することから中国思想全体を排除するに至った。

このような「脱中華」あるいは「排斥中華」としての日本思想史を、本書はこれから詳しく論じていくのであるが、重要なポイントを一つ指摘しておくと、このような「脱中華」の日本思想史の流れがあるからこそ、今の日本は、同じアジアにありながら中国とは、精神的な面でも、そして国の形という面でも、丸ごと異なった国となっているのである。今の日本は、すでに世界有数の近代民主主義先進国である。だが一方、隣の中国は依然として、古き悪しき天命思想や中華思想に縛られた政治的前近代国家のままである。

二〇一七年十月に開かれた中国共産党第十九回全国代表大会で誕生した二期目の習近平政権の姿を見れば、中国の前近代国家としての特質がすぐにわかるだろう。

「習近平皇帝」誕生の今こそ、「脱中華の思想史」が必要だ

二〇一七年十月二十四日に閉幕した中国共産党全国大会は、党の第十九期中央委員会を選出し、その翌日の二十五日、中央委員会が第一回総会を開いて最高指導部メンバーである政治局常務委員を選出した。だが、そのなかには、習近平総書記の後継者と思われる五十代の人物が一人もいなかった。

このことは、実は大きな意味を持つ。習近平政権以前の江沢民政権時代と胡錦濤政権時代、最高指導者は二期十年を務めたのち、次世代の後継者にバトンタッチされることとなっていた。だが、習氏が五年後にこれを破って三期目に入った場合、さらにその五年後の党大会でも引退しない可能性さえ出てくるのである。習氏は二期十年どころか、四期二十年も権力の座にしがみついて、毛沢東に近い「終身独裁者」となっていくこともありうる、という

ことである。

習氏は、今回の党大会で誕生した新しい政治局に自分のかつての部下・同級生・幼なじみを大量に送り込み、党の指導部を自分の側近で固めた。そして今、「習家軍」（習家の兵隊）と呼ばれるそれらの側近幹部が中心となって、共産党党内で習氏のことを全知全能の偉大なる指導者として「神格化」する動きが広がっている。幼稚園の園児までがテレビの前に座らされて習氏の演説を聞かされたり、年寄りが公園で習氏を讃える歌を歌ったりするような、まさに毛沢東時代の文化大革命期さながらの風景が再現されているのである。

このようにして、二〇一七年十月の共産党大会の前後に、毛沢東時代晩期を特徴づける終身独裁・個人崇拝・側近政治などの悪しき伝統が一気に復活してしまい、中国共産党政権は四十年前に先祖返りしたかのような様相を呈した。

かつて、毛沢東は二十七年間の治世において、実質上の「皇帝」としてふるまい、天下万民に対する絶対的な支配を行なった。今、習近平はまさに第二の毛沢東、すなわち中国の新しい「皇帝」になろうとしているかのごとくである。中国共産党は習氏のことを「歴史的使命を背負う偉大なる人民の領袖」と持ち上げると同時に、彼の思想を「習近平思想」として党の規約に盛り込み、習氏を共産党の「教祖様」に祭り上げようとしている。

このようなやり方は、「天命思想」を持ち出して皇帝の絶対的権威と権力を正当化していった、かつての儒教思想のそれと何ら変わらない。

そして今、中国国内の官製メディアの宣伝では、習近平氏が「懐の深い指導者」「慈悲の心に満ちた指導者」「高遠なる知恵を持つ指導者」「至誠大勇の指導者」として賛美されている。つまり中国共産党政権は、伝統の徳治主義に基づいて「徳のある人格者」としての習近平像を作り上げている最中なのである。あるいは、「徳のある偉大なる皇帝」の虚像が、まもなく完成するのかもしれない。

その一方で、新しい「皇帝」となった習氏は、「中華民族の偉大なる復興」というスローガンを掲げ、「大国外交」の推進によって中国を頂点とした新しい世界秩序の構築、すなわち「中華秩序」の再建を図ろうとしている。彼らがイメージしたこの「新しい中華秩序」においては、アジアとその周辺の国々は、経済的にも政治的にも中国の軍門に下って、中国を「覇主」として仰がなければならない。この点もまさに、儒教的「中華思想の世界観」そのものの現実化であり、古き悪しき中華思想の復活なのである。

二十一世紀初頭の今、中国では古色蒼然たる「皇帝」が再び登場し、天命思想・徳治主義・中華思想の三点セットの悪しき儒教思想の伝統も見事に復活してきている。これを見ていると、中国という国は本質的には永遠に変わらず、儒教思想の束縛から永遠に脱出できないことが、よくわかってくる。

同時に、同じアジアの国でありながら、われわれが生きるこの日本が、海の向こうの中国といかに大きく異なっているかも、よく見えてくるのである。

このような違いが生じた理由として、もちろん、さまざまな政治的、地理的要因も挙げられるだろう。だが、日本の先人たちが思想の面において、「脱中華」の努力を絶えることなく続けてきたことが、日中の違いを生じさせた主要な要因の一つとなっていることは、誰も否定できまい。「脱中華の日本思想史」の歩みがあったからこそ、今の日本は大陸の中華とは違って、素晴らしい伝統に立脚した、良き近代民主主義国家となっているのである。

現代中国と日本との落差と違いを決定づけた「脱中華の日本思想史」とは、一体どういうものか。これから本書で、それを詳しく考察していくが、飛鳥時代から明治までの日本思想史を「脱中華」という視点で捉え直すと、実にダイナミックで、知的刺激に満ちて興味深い、まさに大河のような連綿たる流れが浮かび上がってくるであろう。そして、「脱中華」に懸けた各々の日本人思想家たちの誇りや矜持は、現代を生きる日本人にも多くの知恵と勇気を与えてくれるはずである。

第一章　飛鳥・奈良時代——脱中華から始まった日本の思想史

「圧倒的な外来思想」との対峙という大問題

日本の思想史を語る際、まず問題となってくるのは、どこからそれを語り始めるか、である。一国の「思想史」に対する探究は普通、その国の歴史のなかで生まれた最初の文献を材料にして、そこからスタートするのが一番いい。今までに刊行された日本思想史の専門書の多くが、日本で誕生した最古の歴史書である『古事記』『日本書紀』の研究から記述を始めているのは、その理由によるものであろう。

しかし、ここで別の問題が生じてくる。八世紀初頭に『古事記』と『日本書紀』が編纂されるより二百年も前、あるいは三百年も前に、日本の思想史の形成に決定的な影響を及ぼす出来事が起きていたことである。すなわち、五世紀から六世紀にかけての仏教と儒教の日本伝来である。

中国で誕生した儒教は、「宗教」というよりも、もともと一種の哲学であり政治思想であった。また、インドで生まれて中国で成長し、さらに日本に伝わってきた大乗仏教が、壮大なる思想体系を信仰の背後に持っていることは周知の通りだ。

つまり古代の日本人は、自らの歴史書や思想書を生み出して自らの考えや世界観を表現する数百年前に、高度に発達した外国の文明から伝わって来た儒教や仏教といった深遠なる思想や信仰と対面していたのである。

そのとき日本人は、こうした外来の思想や信仰をどう受け止めるべきかについて、真剣に考えたことだろう。それらの外来思想と信仰を拒否すべきなのか、あるいは受容するべきなのか。それは、当時の日本人にとってたいへん重大な問題であったはずだ。

思想史の視点からすれば、「圧倒的な外来の思想や信仰にどう対処するか」という重大問題に真剣に向き合うこと自体が、その頃の日本人にとって、まさに「思想」そのものだったのである。日本の思想史はそのときに、すでに始まっていたといえる。

したがって日本思想史を語るとき、われわれはまず、古代の日本人が大陸から伝わった高度な文明、とりわけ高度に発達した信仰体系と思想体系を持つ仏教と儒教にどう対処したのかを考察することを通して、当時の日本人がどのような考えや世界観を持っていたのかを探っていく必要があるだろう。

このような視点から、本章ではまず、五、六世紀に儒教と仏教が日本に伝来したときの日本人の受け止め方を大きなテーマとして考察していきたい。それをもって、本書の「日本思想史研究」の起点としたい。

仏教と儒教の伝来――日本人の興味深い温度差

では、仏教と儒教が日本に伝わってきたとき、当時の日本人はどう受け止めたのだろうか。実は、この二つの外来思想・信仰に対する日本人の受け止め方には、たいへん興味深い温度差があった。

儒教と仏教はほぼ同時期に伝わったが、古代の日本人は、中国文明の中心的イデオロギーである儒教の受容に冷淡であったのに対し、インド伝来の仏教（つまり、中国にとっての外来宗教）の導入には、たいへんな情熱を注いだのである。

儒教の伝来に関しては、五世紀に朝鮮半島の百済という国からから渡来した王仁《わに》が『論語』をもたらしたのがその始まりとされ、また、六世紀に同じ百済から儒教の五つの経典に精通するという五経博士・段楊爾《だんように》がやって来て儒教を説いたとも語られている。

とにかく五世紀から六世紀にかけて、儒教がさまざまな形で日本に伝わってきたことは歴史的な事実であろう。儒教思想はまず、大和朝廷の為政者、知識人階層の間で受け入れられたと考えられる。

六〇四年に大和朝廷の官僚たちの心得として制定された聖徳太子の「憲法十七条」には、

儒教の用語や儒教経典からの引用が多く見られる。そのなかでは、たとえば四条にある「礼を以て本《もと》とせよ。其《そ》れ民を治むるが本、必ず礼にあり」の表現や、九条にある「信は是《これ》義の本なり」などが、典型的な儒教思想の徳目であることは一目瞭然だ。それから約一世紀後の「大宝律令」や「養老律令」において、朝廷の高級官僚の養成機関である大学寮が整備されたが、そこでは『論語』や『孝経』などの儒教経典が必修科目に定められているから、その時代、儒教思想は大和朝廷の官僚教育の支柱の一つとなっていたことがわかる。

しかし、古代日本における儒教の受容はこの程度にとどまっている。要するに、為政者が把握すべき政治的方法論や統治術として受け入れられ、用いられはしたが、その範囲はあくまでも官僚の世界に限定されていて、近世の江戸時代に至るまで、儒教思想は決して、日本社会全体に広がるような思想や倫理にならなかったのである。

ここで特に指摘しておくべきなのは、大和朝廷は儒教思想を官僚養成の教育内容として採用しておきながら、中国式の官僚制度の柱の一つである科挙制度を決して導入しようとはしなかった点である。

序章で記したように、科挙制度は隋の時代以来の中国の官僚制度の根幹をなすものである。ペーパーテストによって官僚を選定するのが科挙制度の基本だが、隋以来の歴代王朝において儒教思想がペーパーテストの中心に据えられたことによって、儒教は中国における「国教」としての地位を確立することができた。そして科挙制度のもとでは、科挙試験にパスして官僚となるために、上昇志向の青年たちの誰もが幼少時から儒教の勉学に励むこととなったから、儒教は中国社会の支配的イデオロギーとなっていくのである。

しかし日本の大和朝廷は、大化の改新以降、中国の唐王朝から律令制度などを導入して自国の官僚制度を整備しながらも、中国ですでに確立された科挙制度は決して受け入れようとはしなかった。その結果、儒教は本場の中国でそうであったように、一種の支配的イデオロギーとして日本社会に広がることもなかった。

仏教の受容と振興に注いだ日本人の並ならぬ情熱

以上のように、科挙制度の拒否を含めて、古代日本の儒教受容はかなり限定的なものであったが、それに対し、同じ中国から伝わってきた仏教の受容に関しては、当時の日本人の熱意は大いに異なっていた。

仏教の伝来は、儒教より遅れて六世紀半ば、百済の聖明王が大和朝廷に仏典と仏像を贈ったことに始まるといわれている。そして六世紀末には排仏派の物部氏と崇仏派の蘇我氏の間に抗争が起こり、前者が滅ぼされることによって、仏教の受容をめぐる争いに決着がつけられた。

抗争を勝ち抜いたのが崇仏派の蘇我氏だったことから、仏教は一気に朝廷と貴族の間に広がった。そして、蘇我氏側の一員として自らも抗争に参加したといわれる聖徳太子が推古朝の摂政となると、国家的プロジェクトとしての仏教振興政策が強力に進められることとなる。難波に四天王寺を、大和朝廷の中心地・飛鳥に法隆寺を建立して、仏教普及の拠点とした。さらに聖徳太子は、『三経義疏《さんぎょうぎしょ》』などの仏教経典の注釈書を自ら著して、仏教の教えを広めることに尽力したのである。

聖徳太子が制定したとされる「憲法十七条」の第二条が「篤く三宝を敬え」であることはよく知られている。ここでは、仏・法・僧という「三宝」が「四生《ししょう》の終帰、万国の極宗《ごくしゅう》」と位置づけられ、仏教はこれ以上ない貴い地位に持ち上げられている。

第一条「和を以て貴しとなす」にしても、言葉こそ儒教の『論語』から借用されたものの、和辻哲郎説によると、それはむしろ仏教の慈悲の立場を端的に表しているという（和辻哲郎『日本倫理思想史〈一〉』岩波文庫、二〇一一年）。あるいは日本思想史研究の大家である村岡典嗣《つねつぐ》が指摘しているように、「十七条」に記されている政治理念は、儒教ではなく仏教思想をその根底としている（村岡典嗣「憲法十七条の研究」『日本思想史上の諸問題〈日本思想史研究　第二巻〉』創文社、一九五七年）。

つまり、大和朝廷の政治理念の構築において、儒教ではなく仏教思想がその中心に据えられているのである。

こうした国家的振興策のもとで、仏教は盛んになる一方であった。推古朝後期には、飛鳥の地を中心に四十六以上の寺院が建てられ、僧侶も千数百名に上ったと記録されている。そして、この地で育まれた飛鳥文化は、日本最初の仏教文化として栄えた。

その後、奈良時代には「鎮護国家」の思想のもとで、仏教は日本で全面開花の時代を迎える。奈良の都には東大寺が建立され（東大寺大仏殿は世界最大の木造建築物といわれる）、全国に国分寺が建てられた。

伝来してきてわずか二百年、仏教はこの日本の地で興隆と繁栄を極めて、事実上の「国教」の地位を固めたのである。

中央集権制の構築という内政上の理由だけではわからない

こうした古代日本の仏教受容に対する並々ならぬ情熱は、儒教の限定的・消極的受容と好対照をなしているが、よく考えてみれば、これは実に不思議なことである。そのときの日本は中国から文明と文化を積極的に導入しているのに、中国が本場の儒教ではなく、インドから中国を経由して伝わった仏教に多大な興味を示し、その受容と振興に全力を挙げているのである。それは一体、なぜなのであろう。

これに対する歴史学の、あるいは思想史研究の一般的な解釈は、当時の大和政権は氏族制的な政治制度を改革して天皇を中心とする中央集権制の政治システムを作り上げようとしている最中だったから、氏族制社会の土着信仰を超えた普遍的宗教として仏教を受容し、それを国家的イデオロギーの中心に据える必要があった、というものである。

確かに、聖徳太子が活躍し始めた六世紀末から、東大寺建立の聖武天皇の治世があった八世紀にかけ、天皇を中心とする中央集権制の構築は大和朝廷最大の政治的課題であった（その詳細は本章の最後に記述する）。そのためには、普遍的な国家イデオロギーの創出と確立が当然、必要とされていた。

しかし、だからといって、それが仏教でなければならない理由は一体どこにあるのか。

というのも、天皇を頂点とする国家体制のイデオロギー装置として、もともと日本には天照大神の神話を中心に編成された日本創世の神話体系があり、天皇家の統治権を正当化するのにそれは十分であったからである。本章の最後に論述するように、奈良時代初期からの『古事記』と『日本書紀』の編纂は、明らかに天皇を頂点とした中央集権制のイデオロギーづくりの一環である。

しかし、そのためのイデオロギーづくりに、どうして仏教が必要とされるのか。遠い外国の人である釈迦《しゃか》や「蕃神《ばんしん》」と呼ばれるインド生まれの如来《にょらい》や菩薩《ぼさつ》を崇拝する仏教思想をここに持ってきて、天皇家の統治権の正当化や中央集権制の確立に、一体何の役に立つのであろうか。

また、中央集権制を支える政治思想となれば、君主への忠誠を唱える儒教こそがうってつけのはずである。もっぱら来世のことを語り、「沙門《しゃもん》不敬王者論」（出家者は王を敬する必要がないという主張）さえ提唱する仏教の教えは、世俗の政治権力にとって邪魔にはなっても、助けにはならないのではないか。

つまり、中央集権制の構築という内政上の理由だけでは、大和朝廷が仏教の受容を熱心に進めたことへの説明としては不十分なのである。あれほどのエネルギーを注いで進められた仏教振興の一大国家的プロジェクトには、断固とした国家的意思が働いているはずであり、その背後に当然、国家としてそうしなければならないような必然的な理由があるはずである。

その理由とは何か。

日本を取り巻く東アジア情勢と推古朝の政治課題

ここで想起すべきは、当時、中央集権制の創出と並んで、大和朝廷が抱えていたもう一つの重要な政治課題が、「中国大陸の巨大帝国からの圧力に対し、日本はいかにして国家の独立を保つか」ということだったことである。

六世紀末に聖徳太子が摂政を務めた推古朝の時代から、聖武天皇が東大寺を建立した八世紀前半まで、日本の直面した東アジアの国際情勢は次のようなものであった。

まず西暦五八一年（日本では推古天皇即位の十二年前）、中国大陸では南北朝という分裂の時代に終止符が打たれて、隋王朝という巨大帝国が誕生した。隋王朝が成立してからは、歴代中華帝国の伝統的政策として周辺の国々に朝貢を求め、中華帝国への従属を強要した。そして、今の中国東北地域の一部と朝鮮半島北部を国土とする高句麗に数回も征伐軍を差し向け、大々的な侵略戦争を行なった。そのとき、朝鮮半島の南部に位置する日本の友好国の百済や新羅は、揃って隋王朝に朝貢して服従の姿勢を示した。

六一八年に隋王朝が内乱によって滅ぶと、それに取って代わって中国大陸を支配したのは唐王朝であった。唐王朝はその周辺の民族や国々を次から次へと征服したり朝貢体制に取り入れたりして一大帝国を築き上げた。そして隋王朝に引き続き、高句麗に対する征伐戦争を起こしたり、遠征軍を派遣して百済に対する軍事攻撃を行なったりして、朝鮮半島への政治的・軍事的関与を強めた。

中華帝国の勢力が朝鮮半島に迫ってくると、それは当然、海を隔てた日本に対する潜在的脅威となる。周辺国に朝貢と従属を強要する中華帝国の覇権主義政策に対し、自国の独立をどう守るのかが大和朝廷にとっての大きな政治課題となった。

その一方で、当時の日本は自国の国づくりと文明づくりのために、当の中華帝国から文明と文化を積極的に導入しなければならなかった。

つまり、中華帝国とうまく付き合いながら、それに呑み込まれていかないために、日本はどうすべきなのか。それが、大和朝廷にとっての政治上の重大な関心事とならざるをえなかったのである。

後述するように、聖徳太子の冠位十二階の制定から大化の改新へと続く大和朝廷の中央集権制の整備は、まさに中華帝国からの脅威に対処するための国家体制づくりの重要な一環であり、外部からの脅威に対抗するために国力を中央へと集中させるための措置であった。

であるならば、ほぼ同じ時期に行なわれた国家的イデオロギーとしての仏教の受容と振興は、中央集権制の構築と同様、まさに中華帝国に対抗するための大和朝廷の国策の一つではないのか、という仮説が生まれてくる。つまり、大和朝廷が中央集権制の構築を進めたのが、中華帝国からの軍事的脅威に対処するための国防体制づくりであるなら、同じ大和朝廷が同じ時代、大陸からの文明の摂取にあたって中華帝国のイデオロギーである儒教よりも世界宗教の仏教の導入に熱心だったのは、まさにイデオロギーの面で中華帝国と対抗するためだったのではなかったのか。

実はこの視点からすれば、日本における仏教受容の始まりにおいて、聖徳太子があれほど仏教の振興に熱心だったことの理由が見えてくる。というのも、仏教の受容と振興にもっとも積極的な姿勢を示した聖徳太子という人物こそ、中華帝国に対する日本の独立保持にもっとも腐心した政治家だったからである。

聖徳太子が叩きつけた日本の「独立宣言」

前述のように、聖徳太子が摂政を務める推古朝が成立するその十二年前、中国大陸では長い分裂の時代が終焉を告げ、隋王朝という巨大帝国が誕生した。隋王朝は成立した時点から歴代中華帝国の伝統に従って周辺国への侵略、圧迫を始めたが、六〇四年に二代目皇帝の煬《よう》帝《だい》が即位すると対外的覇権主義政策がよりいっそう加速化した。煬帝の下で、隋帝国は大規模な高句麗征伐戦争を数回行なっただけでなく、朝鮮半島南部の百済と新羅を朝貢体制に組み込んだから、その勢力範囲の拡大が日本にまで及んでくるのは、もはや時間の問題であった。

五九三年から推古朝の摂政となって日本の内政と外交を司る聖徳太子にとって、隋帝国にいかに対処するのかは当然、喫緊の政治課題となっており、隋の存在と動向を無視することはできなくなっていた。

そこで大和朝廷は、まず六〇〇年に初めて使者を隋王朝に派遣して接点をつくった。そして六〇七年、小野妹子を国使として隋王朝に遣わした。そのとき、妹子が携えていった大和朝廷の国書が、日本と隋帝国との間でちょっとした外交問題を起こしたことは、あまりにも有名な話である。

推古天皇から隋の煬帝に宛てたこの国書は、「日出づる処の天子、書を日没するところの天子に致す、恙《つつが》なきや」との書き出しから始まるが、この書き出しの文言は煬帝を激怒させるのに十分であった。

本書の序章でも触れた歴代中国王朝の世界観からすれば、これはとんでもなく挑戦的な言辞であった。なにしろ、世界の上には「天」というものがあって、天帝が宇宙の森羅万象すべてを支配する一方、「天下」、すなわち天の下の世界では、天帝の子である「天子」こそが天命を受けて「唯一の統治者」となるべき存在なのだから。中国王朝の世界観からすれば、中華帝国の皇帝こそ「天命」を受けた唯一の天子であり、この世界の頂点に立つ唯一の支配者なのである。

したがって、この世界で「天子」と称することを許されるのは、中華帝国の皇帝のみである。実際、中華帝国を中心とした朝貢体制のなかでは、周辺国の国王や首長は、誰一人として「皇帝」や「天子」と号することはできず、皆、中華帝国皇帝の「臣下」として、皇帝よりも一段下の「王」の称号を頂戴することとなっていた。

たとえば、朝鮮半島の百済の王は隋の煬帝によって「上開府儀同三司帯方郡公百済王」に封じられ、新羅の国王は同じ煬帝から「上開府楽浪郡公新羅王」との称号をもらっている。彼らと煬帝との関係は、少なくとも形のうえでは、中央の唯一の皇帝＝天子とその家来である各地方の首長という関係になっているのである。

しかし唯一、日本の推古朝だけは、隋王朝に国家間の交流を求めながら、隋の煬帝に「称号」を求めるようなことは、いっさいしなかった。それどころか、推古天皇自身が前述の国書において、隋の煬帝しか称することのできないはずの「天子」を自ら名乗って、もう一人の「天子」である煬帝に「書を致した」わけである。

煬帝の立場からすれば、日本の推古朝がこのような国書を送ってきたことは、中華皇帝こそ唯一の天子であり世界の唯一の主人であるという中華帝国の世界観を根底からひっくり返す前代未聞の「下克上」であり、中華帝国と皇帝の権威に対する許せない挑戦であっただろう。だから、国書を受け取った煬帝はたいへん立腹して、「蛮夷の書、無礼なる者有り」と怒鳴ったと、中国の史書に記載されている。

しかし日本の立場からすれば、推古朝が摂政の聖徳太子の主導下で隋の煬帝に送ったこの国書こそが、中華帝国に決して従属しないという日本国の決意の表明であり、日本が中華帝国とは対等の国家であることを世に示した日本の「独立宣言」そのものだったのだ。推古天皇は自らを「天子」と称することによって、しかも「日出づる処の天子」という優越感さえある表現を用いることによって、中華帝国に対する日本の独立した地位と、この独立した地位を守り抜くという日本人の気概を誇らしく示したのである。

「海西の菩薩天子」という口上の深意

このようにして、隋煬帝への国書の書き出しの文句からは、中華帝国に対抗して日本の独立を保とうとする推古朝と聖徳太子の決意のほどがよくわかるが、実はそのとき、国書を携えて隋王朝を訪れた使節の小野妹子が冒頭の挨拶において、一つの興味深い口上を述べたことが中国の史書に記録されている。

『隋書』東夷伝倭国条の記述によると、それはこうである。

「海西の菩薩天子重ねて仏法を興すと聞く。故に使いを遣わして朝拝せしめた。兼ねて沙門数十人来りて仏法を学ぶ」

ここでの「海西の菩薩天子」とは隋王朝の皇帝を指している。隋の文帝・煬帝という二代の皇帝は、共に仏教の振興に熱心だったからである。

注目すべきは「海西」という言葉である。確かに日本列島から見ると隋王朝のある中国大陸は「海の西」の方角であるが、中国の王朝に対してことさらこの言葉を使うのには、それなりの深意があると思われる。なにしろ、中華王朝の抱く世界観では、周辺の「蛮夷の国々」を含めた「天下＝世界」は、中華朝廷を中心に広がる同心円的なものであった。中華朝廷と中華皇帝こそが世界の中心であり、そこから遠ざかれば遠ざかるほど「野蛮化外」の地となっていく。したがって隋王朝から見れば、中華朝廷と「蛮夷の国」日本との間には「海の西」も「東」もなく、ただ「中央」と「周辺」という関係があるのみである。

そう考えると、推古朝の使者である小野妹子が「海西」という言葉を発したのは、単に地理上の事実を述べただけではないだろう。それは、中華朝廷を中心とした世界観の否定であり、「周辺」からの「中央」への反発とも捉えることができる。言わんとするところは要するに、わが日本から見れば、あなた方、中国王朝は世界の中心でもなければ「中華」というものでもなく、単なる「海の西」にある一つの国であるにすぎないのだ、ということであろう。

「外交」とは「言葉による戦争」であるとよく言われるが、ここでは「海西」という言葉が発せられることによって、中華王朝の周辺国に対する優位が一挙に相対化されたことになる。巨大な中華帝国は、海の向こうにある「普通の国」の一つにされてしまったのである。

さらに、これに続く小野妹子の言葉こそが、最大のポイントである。曰く「海西の菩薩天子重ねて仏法を興すと聞く。故に使いを遣わして朝拝せしめた」。ここでは日本からの使節は、自分が大和朝廷の国書を携えて隋王朝を訪問した目的を述べている。「隋王朝の天子様が仏法を興すのに熱心であると聞き、わが朝廷は私を使いとして遣わした」というのである。

隋王朝にとって、これも耳を疑うほどの信じられない言葉であろう。有史以来の中華王朝対周辺国の関係において、「蛮夷の国」が中華朝廷に入朝してくる目的はただ一つ。すなわち、中華王朝ならびに中華皇帝の「徳」を慕って、中華文明の「教化」を求めてやってくるのだ。

しかし日本使節の述べた口上は、中華帝国有史以来の正統観念を破った。日本は別に中華皇帝の「徳」や朝廷の「教化」うんぬんを求めてきたわけではない、という意を含めたうえで、「仏法」を訪問理由の中心にもってきたのである。つまり、隋王朝の天子さまが「仏法」を崇敬しそれを興すのに熱心だと聞いているからこそ、われわれは訪れてきたのであり、そうでなければここに来ることもなかった、と言わんばかりである。

そこには明らかに、「仏法」を隋王朝の皇帝のさらに上位に置き、逆に仏法の優越性をもって中華皇帝の権威を相対化しようとする意図が読み取れる。いうまでもないが、仏教とは中国文明から生まれた教義ではない。高度な文明国の中国ですら受け入れざるをえなかった外来宗教なのである。しかも、その仏教は中国を経由して朝鮮半島、日本へと伝わり、東南アジアにも影響を及ぼしている。中華文明の「教化」などより、仏教は遥かに普遍的な価値を持つ世界宗教なのである。

仏法の信奉によって中華文明を相対化せよ

こう考えてみると、日本使節の口上の背後に隠された、大和朝廷の対中国戦略思考の一端が見て取れる。

それは、普遍性のある仏教という世界宗教のなかに身を置くことによって、中国文明ならびに中華王朝の権威を相対化し、中国と対等な外交関係を確立していく、というものだ。太陽のごとくこの世界をあまねく照らしている普遍的仏法のもとでは、中華王朝と大和朝廷との間、そして中国大陸と日本列島との間には、優劣も上下もない。どちらが「中心」か、どちらが「周辺」かということもない。あるのはただ、同じ仏法の信奉国としての対等な関係のみである。

つまり、仏法を信奉することによって、そして仏教という普遍的宗教の世界に身を置くことによって、日本は隣の中華帝国と対等な立場に立ったのである。

本章の冒頭で、仏教と儒教がほぼ同時に日本に伝わったとき、当時の大和朝廷は儒教の受け入れに淡々としていたのに、どうして仏教の受容にあれほど燃えていたのか、そして推古朝の聖徳太子の時代から東大寺建立の聖武天皇の時代まで、日本人が莫大なエネルギーを注いで仏教の振興に全力を挙げたのは一体なぜなのか、という問題提起を行なったが、ここまでの長い議論を経由して、われわれはようやく結論にたどり着くことができた。

隋王朝とそれに次ぐ唐王朝の誕生で出現した隣の大中華帝国の圧力に対し、日本は一体どうやって自らの独立を保つのか、中国から文明と文化を受け入れながらそれに呑み込まれないために、日本はどういう立ち位置にあるべきなのか、という問題は、推古朝の聖徳太子の時代から大和朝廷にとっての根本的な政治課題となった。これに対し、まずは推古朝の摂政を務める聖徳太子の主導下、「日出づる処の天子」の国書をもって隋王朝に対する「独立宣言」を行なう一方、同じ聖徳太子の主導下で、大和朝廷は国家的プロジェクトとしての仏教の受容と振興策を推し進め、仏法の権威をもって中華皇帝の権威に対抗し、普遍的な価値を持つ仏教の世界に身を置くことによって中華文明を相対化して、それと一定の距離を取るという、まことに高度な文化戦略を展開したのである。

推古朝の聖徳太子の時代から東大寺建立の聖武天皇の時代に至るまで、古代の日本人があれほどの熱意をもって仏教の振興政策を推し進めたことの最大の理由は、まさにここにあったのではないか。

「須弥山」嗜好に託された飛鳥人の思い

実はこの観点から見ると、聖徳太子が最初の仏教振興プロジェクトとして造営した四天王寺が、大和朝廷政治の中心地・飛鳥ではなく、やや離れた難波の地に建てられたことの意味もわかる。

この時代の難波は港であり、朝鮮半島と中国大陸に向かって開かれた日本の玄関口であった。この難波の海を見下ろす上町丘陵に壮麗なる仏教寺院を建立したのは、海の向こうから来た人々に、仏教の国・日本の国家的威容を示すためであったのではないか。大和朝廷の仏教振興政策は、「海の西」の中国を強く意識した対外政策の一環であったに違いない、と思うのである。

それと関連して、この時代の寺院でしばしば行なわれた「須弥山《しゅみせん》」像の建造にも注目すべきであろう。

「須弥山」とは、印度の古典仏教で考え出された「須弥世界」の中心となる山の名である。すなわち、須弥世界の中心に須弥山という想像を絶する高山がそびえ立ち、外輪の山々が周囲を七重に取り込んでいる。山々のさらに外側には海が広がっていて、そこに四つの大陸、四大洲を浮かべている。われわれ人間の住む世界とは、この四大洲のなかの閻浮《えんぶ》（ジャンブー）洲とされているのである。われわれの住む地は須弥世界の一部であるが、須弥世界全体は須弥山を中心に組み立てられている、という構図である。

飛鳥時代の日本人は、「須弥山」を中心とする世界像を好んで受け入れていたようである。『日本書紀』によると、推古天皇二十年に宮殿の南庭が須弥山の形に築かれたという。さらに斉明天皇三年、飛鳥寺の西に須弥山の像が造られたことも伝えられている。法隆寺の伝世の宝物である「玉虫厨子」の台座の裏面には、須弥山の像が描かれていたことが確認できる。

日本で描かれた「須弥世界」では、海に浮かぶ四大洲のなかで、南洲の中央に天竺（印度）が、その東方に震旦（中国）があって、さらに東方の大海にある中洲の傍らに日本の島々があると考えられていた（石田一良『日本文化史——日本の心と形』東海大学出版会、一九八九年）。

この「須弥世界」のなかでは、「中華世界」すなわち中国王朝を頂点とする中華文明圏が世界の中心でも何でもないことは自明のことであろう。中国は「震旦」と呼ばれて、もはや

「中華」ですらない。「須弥山」こそが世界の中心であり、日本も震旦もその周辺の海に点在する「周辺国」でしかない。「須弥山」からの距離には差があるものの、同じ「周辺国」としては、日本と震旦との間には上下はもとより優劣の関係さえも存在しない。まったく対等なのである。

大和朝廷の心臓部にあたる宮殿や、日本仏教では中心的な役割を担う飛鳥寺、法隆寺に建造された須弥山には、中華世界を相対化することで中国王朝と対等な立場に立とうとする、当時の日本人の思いが込められていたのであろう。

その後、平安時代に入ってからの日本は、仏法という普遍的な世界に身を置くことによって中国と対等のみならず、日本の優越性さえ主張するに至った。飛鳥時代の推古朝以来の仏法の興隆と広がりは、日本を「大唐」と対等のみならず、仏教信仰の純粋さにおいては、中華世界を見下ろすまでの心情的優位へ導いたのである。

特定の文明の束縛から自由な「さっぱりとした心構え」

以上、聖徳太子が摂政を務める推古朝以来の日本が、中華帝国と対等な立場を確立するための戦略として、世界宗教の仏教を国家的宗教に据えたことの深謀遠慮を見てきた。しかし、このことの持つ深遠なる意味は、当時の大和朝廷の外交戦略のレベルにとどまるものではない。

上述のような「須弥山」を中心とする仏教的な世界観が日本で受容され浸透したことによって、日本の文明史上に大いなる結果の一つがもたらされた。つまり日本人はこれで、中華帝国中心の「中華思想」の文明観から脱出できたのである。

本書の序章でも詳しく記したように、いわゆる「中華思想」の文明観とは要するに、この世界において中華の文明こそが唯一の文明にして最高の文明であり、そして中華こそが世界の中心であり、世界の「文明センター」そのものだ、とする考えである。

世界史全体の視点から見れば、そんな考えは単なる中国人の一方的な妄想であるにすぎないが、近代以前の古き中国の知識人たちがこのような妄想に囚われていたことは事実である。そして「中華思想」の塊である彼らは当然のごとく、自分たちのことを、この最高にして唯一の文明の担い手だと自負し、「中華」以外のあらゆる文明・文化に対しては、上からの目線でそれを見下ろすような態度、あるいはそれをいっさい拒否・排斥するような態度を貫いてきた。

そして近代以降も、独善的な中華思想の虜となった中国人は、西欧の文明と文化を頭から否定して軽蔑のまなざしを向け、近代文明の受け入れを頑に拒否した。その結果、中国の近代化は大幅に遅れたのであった。

しかし、日本人の場合は最初から、こうした独善的な中華思想にいっさい囚われていなかったのである。中国文明を大量に摂取したその当時から、日本はすでに「仏教国家」としての道を歩み、「中華」を超えた仏法の普遍なる世界に身を置いている。したがって、日本人は別に、「中華」を唯一の文明であるとはいっさい思っていないし、最高の文明であるとも思っていない。中国文明は、あくまで、いくつかある文明の一つである。日本人は中華文明を優れた文明の一つとして積極的に学ぼうとはしたが、それを絶対のものであるとはいっさい思わない。中国文明よりもさらに優れた文明、あるいは中華文明に欠如したものを持つ別の文明が現れれば、日本人はいつでも何の躊躇《ためら》いもなく、その別の文明に飛びついて摂取したいものを思う存分摂取してきたのである。

特定の文明や思想の束縛から自由な「さっぱりとした心構え」があるからこそ、そして、その心構えが時を超えて日本人の精神的底流となっているからこそ、時代が下って戦国時代に、種子島に一丁の鉄砲が流れてくると、たちまちにして日本は一挙に世界一の鉄砲保有国となることができたし、「鎖国」だったはずの江戸時代に蘭学が盛んになって、科学技術が空前の発達を見るようなこともありえた。そして明治時代の「文明開化」においては、西欧の近代文明は文字通り、この日本の地で全面開花を成し遂げた。

中国文明から多くのものを学ぼうとする最初の時点から、日本人は中華思想の文明観に囚われることがいっさいなかった。それこそが、日本と中国の根本的な違いの一つなのである。世界宗教としての仏教に帰依し、仏教国家として生きていく道を選んだ古代日本人の英知は、このようにして日本の文明づくりに正しい方向性を与えたのである。

「脱中華」から始まった日本の思想史

飛鳥時代の推古朝から始まった大和朝廷の仏教振興策が、本書のテーマである日本の思想史に決定的な影響を与えたわけだが、この影響を考えるときに忘れてはならない人物こそ、推古朝の摂政として仏教振興策を積極的に推し進めた聖徳太子である。彼はその時代を代表する偉大なる思想家であると同時に、日本の思想史上、「思想家」と称することのできる最初の人物でもある。

彼が著したとされる『三経義疏』という仏教経典の注釈書からも、聖徳太子の思想家としての一端を見ることができるが、太子の思想をもっとも凝縮しているのはやはり、彼の手で制定された「憲法十七条」である。

「憲法十七条」に関する記載は、聖徳太子が死去して約百年後の八世紀初頭に編纂された『日本書紀』にある。そのために、「十七条」は本当に太子が制定したものであるかどうかに関する学術上の論争もあり、後世の人、あるいは『日本書紀』の編纂者が聖徳太子の名を借りて創作したものではないか、という説もある。

本書はこうした学問上の論争に立ち入ることはしないが、『日本書紀』の記述を素直に信用するなら、七世紀初頭に太子の手によって制定されたこの「憲法十七条」は、日本思想史を探究するための最古の文献になる。

前述のように、大和朝廷の官僚たちの心得として制定された「憲法十七条」は、仏教思想をその中心に据えたものであった。第二条の「篤く三宝を敬え」は、仏・法・僧という仏教の「三宝」を最高の地位に持ち上げているし、第一条の「和を以て貴しとなす」にしても、言葉こそ儒教の『論語』から借用されたものの、和辻哲郎説によると、それはむしろ仏教の慈悲の立場を端的に表しているという（和辻前掲書）。あるいは日本思想史研究の大家である村岡典嗣が指摘しているように、「十七条」に記されている政治理念は、儒教ではなく仏教思想をその根底としている（村岡前掲書）。つまり、日本思想史上、最初の文献となる「憲法十七条」は、そのまま仏教思想の文献となるわけである。

そういう意味では、日本の思想史はまさに仏教の思想史としてそのスタートを切った、といえるであろう。

日本思想史のスタートを切った聖徳太子の思想の中心が「仏教」だということは、逆にいえば要するに、太子の思想は純粋な中国思想とはかなりの距離を取っていることになる。そういう意味でも、日本人は自らの思想史の始まりにおいて、すでに「脱中華」の動きを始めているのであり、日本の思想史は、まさに「脱中華の思想史」としてスタートした、といえよう。

かくして中国文明の二つの「毒素」の除去に成功した

そして聖徳太子の生きた飛鳥時代から奈良時代を経由して、日本の文明と文化が全面開花した平安時代に入ると、聖徳太子のあとを継ぐ日本の代表的な思想家のほとんどが、まさしく仏教徒として仏教を思想の中心に据えた。

平安時代前期に君臨した精神的指導者といえば、日本仏教の巨星である最澄と空海である。そして、「末法の世」の近づいた後期においては、源信や空也《くうや》が出て浄土信仰を民間に広げた。

鎌倉時代に入ると、新しい仏教運動のもとで民衆の心をつかみ、日本の精神形成史において大きな足跡を残す思想家たちが登場してくるが、彼らの全員が、仏教の指導者だったのである。

浄土宗を開いた法然、浄土真宗の祖となった親鸞、臨済宗の栄西、曹洞宗の道元、そして日蓮宗の日蓮、時宗の一遍、浄土真宗の中興の祖となった蓮如等々、とにかく最澄・空海から一遍・蓮如までの約七百年間、日本人の心を導く役割を果たしているのは全部、彼ら仏門の人々なのである。

仏教がこのように日本人の思想と精神づくりの中核となっていたということは、その表裏一体の結果として当然、同じ外来思想である儒教は日本人の頭と心を支配するような力を持ちえなかった、ということである。実際、聖徳太子の飛鳥時代から戦国時代に至るまで、日本人の精神的指導者となりえたのは全員、上述のような仏教思想家ばかりであって、儒学者であった者は一人もいない。

江戸時代以前の日本の儒学は所詮、五山僧などの仏教の僧侶たちの「余興」として、細々と寺院のなかで研鑽されて余命を保っていたにすぎない。儒教あるいは儒学は、日本の社会、あるいは日本人の心にほとんど何の影響も及ぼさなかった。

江戸時代になると、幕府が朱子学を「官学」の地位に押上げようとしたことから、儒学はようやく仏教の寺院から出てきて頭角を現した。御用学者の林羅山などに続いて、荻生徂徠や伊藤仁斎などの儒学者が登場してきて、日本の思想史に大きな足跡を残したことは事実である。しかし本書の第三章で詳しく記していくように、儒学が盛んな江戸時代においても、儒教の影響力は依然として限定的なものであって、日本人の精神を支配するイデオロギーとしての地位を一度も手に入れたことはない。江戸時代を通して、人々の生活と密接な関係を持って日本人の「心」の根底にあったのは、やはり最澄であり空海であり親鸞であり、そして日蓮だったであろう。

本章で繰り返し述べてきたように、飛鳥時代の日本人は、中国文明という巨大なる先進文明と対面したとき、そこから自国の文明づくりの養分を貪欲に吸収しながらも、それに呑み込まれないためのもっとも賢明な選択を行なった。中国文明の中核である儒教ではなく、中国文明を遥かに凌駕した世界宗教の仏教を国家的宗教として取り入れて、それを日本自身の文明づくりのコアにした。その結果、飛鳥時代以降の日本人はその長い思想史において、中華思想と儒教という、中国文明の生み出した二つのドグマに囚われることなく、この二つの

「毒素」を取り除くことに成功したのである。

そして、この「脱中華」の成功という思想的土台の上で、平安時代から戦国時代が終わるまでの約八百年間、日本人は仏教を中心にして自らの思想史を構築していくこととなるが、そのなかから、仏教的表現を借りた「日本的思想」が育まれ、また同時に、仏教の洗練を受けながら仏教から脱出した「日本的信仰」も復権して形を整えることができた。

この八百年間の日本思想史に関しては、本書の第二章で概説したい。

「律令制」の導入を急いだ大和朝廷

古代日本が中国から受け入れた文明に関して、もう一つ触れなければならないテーマがある。律令制の導入である。

「律令」とは、中国で発達した法体系のことであるが、犯罪と刑罰を規定する「律」と、国家制度全般にわたる諸規定を含む「令」、合わせて「律令」と呼ばれることに由来する。この法体系を軸にした政治体制、国家の諸制度がすなわち「律令制」である。その基本的な性格は、専制君主（皇帝）を頂点とする国家が、「律令」の法体系に基づいて土地と人民を一元的に支配するという中央集権制である。

中央集権の政治制度は紀元前三世紀に秦の始皇帝によって創始され、六一八年に樹立した唐王朝の時代において、「律令制」として整備された。この政治制度の成り立つ基盤は「公地公民」を原則とする土地制度にある。国家はすべての田地を所有し、それを人民に均等に配分する。その代わりに、人民はその生産物の一部を税として国家に納め、さらに国家の課する雑徭《ぞうよう》・兵役などの労役につく義務を負う。

そして国家が官僚集団を使って土地と人民を管理するために、官僚制度の整備も必要となってくる。それもまた律令制の重要な一部をなすのである。

日本の大和朝廷は、中国で整備された中央集権制的な律令制度の仕組みを、六四六年の大化の改新以来、積極的に導入し、日本に植え付けようとした。

大化の改新で、まずは「公地公民制」の原則を打ち出した。豪族たちが所有する私有地と私有民を廃し、国家の所有へ移行させようとした。これが実施されれば、すべての田地は国家の所有する「公地」となり、人民はすべて国家の支配する「公民」となる。そして、「公地公民制」とセットで「班田収授法」が制定された。国家は所有する田地を「口分田」として人民に均等に支給する。そのかわり「租庸調」と呼ばれる税を人民から徴収し、また、さまざまな労役を人民に課するシステムである。また、地方支配の要となる行政機関として、各地方に国と郡を設置し、中央政府から任命された国司と郡司が行政権を行使することにした。

　大和朝廷が日本で広げようとしたこのような政治システムは、まさに中国流の皇帝専制中央集権制度のコピーそのものである。

　こうした国家制度のデザインプランを法制化していくために、大和朝廷は大化の改新以来、中国の唐王朝を手本に律令の編纂に着手した。六六八年の「近江令」、六八九年の「飛鳥浄御原令」という試作品を経て、七〇一年にようやく「大宝律令」が制定され、さらに十七年後の七一八年には「養老律令」が成立した。これをもって、日本版の律令が完成したのである。

「近江令」制定以後の動きを見ると、国家体制の根幹に関わる律令制は、ほぼ二十年ごとに改定され公布されていることがわかる。実に慌ただしいやり方であるが、大和朝廷がいかに律令制の整備を急いでいたかが窺われる。

「政の要は軍事なり」——日本の真意

　なぜ、大和朝廷はこれほど「律令制」の整備を急いだのだろうか。そもそも、当時の大和朝廷は一体どうして、それほど熱心に中国流の中央集権制を日本に移植しようとしたのだろうか。儒教よりも仏教を好み、中華文明と一線を画したはずの大和朝廷は一体どのような理由をもって、このような中国流の政治制度の導入に熱を上げたのだろうか。

よく調べてみれば、それは実は、当時の日本が直面していた国際情勢に起因すると思われる。

先にわれわれは、聖徳太子を摂政とする推古朝の日本が、中国の隋王朝に「独立宣言」を叩きつけ、中華帝国に対する独立外交を展開したことを見てきた。その後、二代目の皇帝で崩壊した隋王朝に取って代わって、六一八年に中国大陸で唐王朝が興るが、史上最強といわれる大唐帝国を前に、朝鮮半島の諸国と日本は多大な脅威を感じざるをえなかった。特に唐王朝が建国早々、朝鮮半島の高句麗征伐の準備にとりかかると、中国からの脅威はいよいよ現実的なものとなった。

六四六年の大化の改新は、まさにこのような国際情勢のなかで行なわれたのである。緊迫した国際情勢に対処していくために、日本も軍事体制の強化と国家権力の集中を早急に図らねばならなかった。そして当時、中央集権のためには律令制の導入が一番の早道であった。

つまり、最強の大唐帝国に対抗していくために、その強さの根源となる律令制のシステムを拝借することが、当時の大和朝廷の最善の国防戦略だったのである。

大和朝廷が着々と政治制度の整備を進めるなかで、朝鮮半島をめぐる国際情勢はますます険悪になってきた。日本と友好関係にあった百済は、唐王朝と新羅の連合軍によって滅ぼされ、六六八年には高句麗も唐王朝の手で滅ぼされた。

滅亡した百済王家を復活させるため、日本は朝鮮半島に大軍を送って大唐帝国と対決したが、六六三年、白村江の戦いで唐・新羅連合軍に敗れる。この敗戦によって大和朝廷は存亡の危機に立たされた。いつ来るかわからない唐帝国の侵攻から国を守るために、国防体制の強化は何よりも急務となったのである。

律令の編纂と律令制の整備は、まさにこのような背景下で行なわれたのであった。すべては、国防体制強化のためである。白村江の敗戦から五年後、敗戦の当事者である天智天皇の手によって最初の律令「近江令」が制定されたことからも、このあたりの事情がよくわかる。

天智天皇のあとを継いだ天武天皇も、「政《まつりごと》の要《かなめ》は軍事なり」という言葉を残したほど軍事体制の整備に余念のなかった為政者である。その天武・持統朝のもとで、「班田収授法」が本格的に実施され、天皇を頂点とする中央集権国家の建設がいっそう速いスピードで進められた。

日本が律令制の導入を急いだ理由は、これで十分に理解できたであろう。つまり、唐帝国の出現によって戦乱に巻き込まれた朝鮮半島有事の国際情勢に対処するために、そして唐帝国の日本侵攻という潜在的な脅威から国を守るために、日本は中央集権制の完備によって国防体制の強化を図る以外になかったのである。まさに「政の要は軍事なり」である。

唐帝国の滅亡と共に、律令制は捨てられた

以上のように、日本における律令制の導入は結局、緊迫した国際情勢への「緊急対策」の意味合いの強いものであった。だとすれば、情勢が変われば「緊急対策」の必要性も変わってくることになるが、実際のところ、国家体制として整備された直後から、律令制は早くも形骸化への道を辿り始めることになる。

律令制の成立する基盤は、「公地公民制」の原則に基づく「班田収授法」の土地制度である。上述のように、六四六年の大化の改新で生み出された「班田収授法」は、天武・持統朝の頃、本格的に実施され、さらに七一八年に編纂された「養老律令」（施行は七五七年）で完成した。

しかし、たいへん面白いことに、それからわずか二十五年後の七四三年には「墾田永年私財法」が制定され、新しく開墾された田地に限って永久的な私有化が認められることになった。田地が不足しているなか、新たな開墾を奨励するための法整備であるが、「班田収授法」の大前提である「公地公民制」の原則は、打ち出されてから百年足らずであっさりと放棄されたのである。

そして、「墾田永年私財法」が実施されるや、人々はみな田地の開墾に励み、新たに「永年私財」にされる田地は増えつづけた。旧来の「公地」に対する私有地の比重は高まる一方である。「公地」の存在を前提とする「公地公民制」が衰退していくのは、もはや時間の問題であった。

時の権力層である貴族や寺院も、こぞって田地の開墾に興味を示した。政治的権力を利用して広大な土地を開墾候補地として囲い込み、公民も使って開墾した。開墾された土地は当然私有地となり、ここに大土地所有者が出現する。彼らの所有地が、平安時代に発達する荘園制の始まりとなるのである。

班田法研究の基本的文献として評価の高い今宮新『班田収授制の研究』（竜吟社、一九四四年）では、「班田収授制は大体延喜二年（九〇二年）の班田令を最後として廃絶するに至る」

と結論づけられている。

つまり、制定されてから二百数十年にして、律令制の土地制度は完全に消え去ったのである。

律令制の衰退は当然、土地制度にとどまるものではない。「公地公民」が消滅すると、国家が「租庸調」の形で公民から直接に税を取るという税収体系も崩壊する。税が取れなくては国家は成り立たない。大化の改新が目指した中央集権制の律令国家は当然、解体せざるをえなくなった。

こうしたなかで、律令制の政治制度にも大きな変化が見られた。律令制で定められた正式の官職以外の「令外《りょうげ》の官」が盛んに設けられるようになり、実質的な権力はそれら「令外の官」の手に移っていったのである。さらに、摂関政治の発達によって、政治中枢における権力構造の二元化現象が起こり、荘園という自前の経済基盤を持った貴族や地方の有力者たちが力をのばすことで、権力の分散化に拍車がかかった。

律令制によって組み立てられた、天皇を頂点とする中央集権の政治システムは、ここに終焉を迎えたのである。

律令制が消滅したのが十世紀の平安中期であることにも注目すべきであろう。日本における律令制の導入は、外部からの脅威に対応するために一時的にとられた「緊急対策」のようなものであると述べたが、実はこの「外来の脅威」は平安中期には消えていたのである。内乱により唐帝国が滅亡したのは九〇七年。上述の『班田収授制の研究』が指摘した延喜二年の「最後の班田令」の五年後のことである。

それ以後、中国は「五代十国」の長い分裂時代に突入し、もはや外部に脅威を与える存在ではなくなった。外部からの脅威がなくなれば、日本がその対応策として採用した律令制も歴史的役割を終えて消滅する運命にあった。

日本における律令制の導入は、結局そういうものだったのだ。要するに日本の大和朝廷は、七世紀の唐帝国の出現とその対外侵略によって現実味を帯びた外来の脅威に対応し、国防体制を強化するために中国から律令制を導入して、一時避難的に中国流の中央集権国家を作り上げようとした。しかし十世紀、この脅威がなくなると、律令制の基盤である「公地公民」の土地制度の消滅に始まり、社会・政治体制としての律令制も消え去ったのである。

天皇はやはり中華流の皇帝にはならなかった

そしてその結果、平安中期の十世紀以後は、日本は中華帝国とはまったく違った政治システムを作り上げていくことになった。絶対的な主権者である皇帝を頂点とした中央集権制こそが中華流の政治システムの最大の特徴であるが、日本で定着した政治制度はそれと断然違っていた。

まずは、律令制が消滅したあと、日本の天皇の地位と役割は、中国の皇帝とはまったく異なるものとなった。本来、日本の天皇は、天照大神の血筋を受け継ぐ存在として超越的な神聖性を持ち、その神聖性を天皇の地位の根拠にしていた。そして平安中期以前は、天皇は実際の権力者としても、日本の政治の世界に君臨していた。大化の改新が目指した中央集権制の確立は当然、権力者としての天皇の地位の強化につながるものであった。

しかし、律令制が日本の風土に根ざすことに失敗して実質上消滅していくにしたがって、天皇の地位にも当然大きな変化が起きた。

先に触れた摂関政治とは、摂政であろうと関白であろうと、要は外戚や貴族の誰かが天皇に代わって政治権力を行使するシステムである。摂関政治の流行と定着とは、要するに、政治権力が天皇から剝離していくことであった。

それ以来、天皇は徐々に政治権力の世界から遠ざかっていき、天照大神の子孫としての神聖性、すなわち権威だけが残るようになった。

一時、院政のような揺り戻しはあったものの、平安の末期から武士が台頭して武家政権が誕生すると、政治権力はさらに、天皇の周辺から武士階層へと移っていった。鎌倉時代になって幕府が成立して以降、日本の政治権力は天皇と天皇を戴く朝廷から、幕府という新しい権力センターへと移っていったのである。

これはもちろん、律令制崩壊の当然の結果でもあった。「公地公民」が消滅して経済的基盤を失った朝廷と天皇が、依然として政治権力の中心であることはまずありえない。政治権力は、荘園を経済的土台にして独自の勢力を増してきた武士に移っていくほかなかったのである。

もちろん、そのなかでも天皇は依然として天照大神の子孫として、そして日本国の最高祭司としてその神聖性を保ち、名誉ある頂点に立っていた。鎌倉幕府にしても室町幕府にしても、将軍以下の武士たちは天皇から任命され、朝廷から官位を授かることになっていた。だが、実際の権力は彼ら武士が握るようになった。

律令制消滅後の一連の変化のなかで、日本人は結局、中国流の中央集権制、すなわち皇帝という絶対なる権力者・主権者を頂点とした一元的な権力構造をあっさりと捨ててしまった。天皇はやはり中華流の皇帝にはならなかったし、日本はやはり中国や朝鮮のような国にはならなかった。

日本から徹底的に排除された易姓革命の思想

前述のように、天智天皇以来の大和朝廷は、中華帝国からの軍事的脅威に対処するために、中国から律令制を導入して天皇を頂点とした中央集権体制の急整備を行なったが、壬申の乱に勝利して天智天皇のあとを継いだ天武天皇・持統天皇の治世となると、イデオロギーの面における天皇の絶対的権威の創出と確立も行なわれた。

以前には「大王《おおきみ》」と呼ばれた天皇が、「天皇」の称号を名乗ったのは、まさに天武・持統朝の時代であり、そのとき天皇は「現神《あきつみかみ》」とも見なされるようになった。

そして「現神」の統治する国土にふさわしい国号として、「日本」という国号がこの時代に確立され、大極殿《だいごくでん》における天皇の即位式も創出された。一方、天皇が行なう国家的祭祀としての大嘗祭が整備され、伊勢神宮を頂点とした祭祀の組織化が進められたのである。

一連の天皇の権威づけのための措置のなかで、特筆すべきなのはやはり、天武・持統朝における『古事記』と『日本書紀』の編纂と、それによる日本創世の神話体系の創出であろう。後世に「記紀」と呼ばれるこの二つの日本最古の歴史書の意図するところは、要するに天皇家の由来を明らかにし、「現神」である天皇による統治を正当化することであった。

そういう意味では、『古事記』と『日本書紀』の役割は、本書の序章で触れた、中国における「天命思想」と相通じる面もある。日本の「記紀」が神話をもって天皇の統治権に正当性を与えようとしたのに対し、中国の天命思想は「天命」というイデオロギーを用いて中華皇帝の専制支配を正当化しようとしたのである。

しかし、「何をもって正当化の根拠とするか」というもっとも肝心なところで、「記紀」は中国の天命思想とまるきり異なるのである。

本書の序章でも触れたように、中国の天命思想とは、要するに皇帝である天子は、天から「天命」を与えられて天下＝世界を統治する、という考えであるが、その際、「天から天命を与えられた」ことが当然、皇帝が天下＝世界を統治することの正当性の根拠となっている。

しかしこの天命思想において、「天」というのは無人格で抽象的な存在であるから、皇帝は「天子」と称されても、本当に天の産んだ子供ではなく、「天」と血統的につながっているわけでもない。天はただ、天下万民のために、今の皇帝の家系を統治者として選び、それに天命を与えただけである。

問題は、今の皇帝とその子孫に天命を与えたのが天であれば、皇帝の一族はもはや天命を担うのにふさわしくないと判断したとき、天はその一族を見放して、天命を別の人物とその子孫に与えることができることだ。その際、「天の意思の代弁」を名目として実際に行なわれるのは、内乱やクーデターによる王朝の打倒と皇帝一族の追放である。革命で王朝が潰されて皇帝一族が消されると、別の人物が新王朝を立てて皇帝となり、天命を承って天下を治めるのである。それがすなわち、中国史上恒例の易姓革命である。

しかし序章でも述べたように、天命思想によって易姓革命が正当化されている状況下では、中国皇帝の地位は常に不安定である。いつでもどこでも、「自分こそが天命を承った」と称する人から皇位を脅かされかねないから、中国の皇帝は自分と子孫の地位と繁栄を守るために、神経質なほど権力を自分の手に集中させて極端な独裁政治を行なう。しかしそれが結局、政治の腐敗と失政を招いて民衆の不平不満を高め、行き着くところはすなわち現実の易姓革命の発生である。

つまり天命思想のもとでは、いずれ易姓革命によって滅ぼされるのが歴代王朝の逃げられない運命であり、中国の歴史は永遠に、暴力革命による新旧王朝交代という悪循環の呪縛から脱出できない。それは、「天命」というものによって皇帝の権力を根拠づける中国思想のもたらす宿命的な帰結であろう。

まさにこの点で、「記紀」によって確立された日本の思想は、まるきり違っているのである。

記紀のつくった神話において、天皇という存在は天照大神の子孫であり、天照大神とは血統的につながっている。そして、天照大神が天孫に地上の統治を命じて委ねたのが大和朝廷の始まりとされている。今の天皇も次の天皇も今後の天皇も皆、地上の統治を命じた天照大神の子孫であり、降臨した天孫からその神聖なる統治権を代々受け継いできている。

要するに、天照大神の子孫であることが天皇における統治権の唯一にして最大の根拠となっているのであるが、ここで重要なのは、天皇が天照大神の子孫であることが変わらないかぎり、この統治権の根拠が不動だということである。

前述の中国の天命思想の場合、皇帝は別に天の子孫でもなければ天と血統的につながっているわけでもない。だから天は今の皇帝から天命、すなわち統治権を奪い取って別の人に与えることができる。しかし日本の天照大神は最高の神といえども、自分の子孫を変えるようなことはできるはずもないし、いったん天孫に与えた統治権を、この天孫の子孫である今の天皇や今後の天皇から剝奪するようなことは当然しない。

つまり日本の記紀は、天照大神と天孫降臨の神話を創出することによって、この地上の統治権、中国文明流にいえば「天命」を未来永劫、天皇家に与えたのである。その結果、「易姓革命」は、思想的に日本から徹底的に排除されたわけである。

日本政治の形を見事に作り上げた「記紀」の世界

記紀の編纂を命じた天武天皇、あるいは実際に記紀を編纂した人たちは、果たして中国の易姓革命を意識して日本の神話を正史の形で後世に残したのだろうか。それに関する伝承も記載もないからわれわれには知る由もない。

しかし奈良時代の日本人は当然、中国の易姓革命の歴史と天命思想の概要を知っていたはずである。しかも、記紀が編纂された八世紀初頭は、中国大陸における典型的な易姓革命である隋王朝と唐王朝の交代から百年も経っていないから、その生々しい易姓革命の歴史は依然として記憶に新しい。したがって、記紀を編纂した当時の日本人が、中国の歴史的教訓を傍目《はため》に見ていた可能性は十分にあるとは言えよう。

いずれにしても、天照大神と天孫降臨の神話を日本の正史として明確に残したことによって、「記紀」は中国流の天命思想を超えて、中国思想とはまったく異なる日本の政治思想の伝統を作ることに成功したのである。

そういう意味では、記紀の成立はまた、日本の思想史における「脱中華」の大いなる一歩であると言えなくもない。この一歩を踏み出したことによって、日本の政治は中国の政治とは原理的にまったく異なるものになっていくのである。

中国の政治は秦の始皇帝以来、現在に至るまで、地上の最高権力者に地上の最高の権威を付け加えて、絶対的皇帝独裁の専制政治を発達させてきたが、日本の場合、記紀の成立以来、天皇のあり方はまったく別の方向へと変化していった。

前述のように、天智天皇以降、一時的な国防体制づくりのために急整備した中央集権制は、平安時代になると徐々に形骸化していったが、実はそれに伴って、天皇と権力との関係にも大きな変化が生じてきている。まずは天皇家とその親類の内輪では、摂関政治と院政を発達させることによって、天皇と政治権力との分離を定着させた。摂関政治と院政の共通点とは要するに、現役の天皇が政治権力を握らずして、その外戚が摂政や関白となって、あるいは天皇の父親が上皇となって、権力を握るところにある。

そして平安時代の末期から、政治権力は天皇家そのものから分離されて武士階層の手に渡るが、このような天皇のあり方と政治権力の伝統は江戸幕府の崩壊まで続いた。

しかし、そのなかで天皇は権力を失っても、天皇家が滅びることはなかった。というのも、権力を持たなくても、天皇は天照大神の子孫として、日本の正当なる統治者という名義をいつまでも持ちつづけているからである。

だから後世の室町幕府や江戸幕府の将軍は、名目上は依然として天皇の家来であり、その身分と地位は天皇によって保証されるものであった。実質上自らの「王朝」を開いたともいえる豊臣秀吉や徳川家康などの最高権力者も、天皇に取って代わることはできない。なぜなら、秀吉や家康はいくら頑張っても、天照大神の子孫にはなれないからである。

このように、日本の天皇のあり方と政治の形は、八世紀初頭の「記紀神話」によって明確に決定づけられたといってよい。神話と思想は見事に、現実の日本政治の世界を作り上げていったのである。

第二章　平安から室町——仏教の日本化と神道思想の確立

日本思想史の新時代を切り開いた平安仏教

前章でわれわれは、飛鳥時代から奈良時代にかけて、大和朝廷が中華帝国・中華文明に対抗するために、世界宗教の仏教を全面的に導入した歴史の経緯、そしてそれを国家的宗教として振興し、興隆させていった歴史の経緯をつぶさに見た。

国策としての仏教の導入と振興はまた、奈良時代までの日本仏教の性格を決定づけた。国家的なプロジェクトとして進められた仏教振興策であったから、そこから生まれたのは当然、国家のイデオロギーとしての仏教であり、いわば「国教」としての仏教であった。

実際、奈良時代までの仏教は、「鎮護国家」をその最大の使命としていた。寺院の多くは国家施設であり、僧侶は皆、国家が制定した僧尼令によって統制されていた。

その一方、奈良時代までの仏教は、一般の民衆とはかなり距離があった。全国各地方に国分寺が建てられたものの、仏教は信仰として一般民衆に広く浸透することなく、朝廷や貴族などの上流社会の帰依を受けることで満足していた。

特に奈良時代、「南都六宗」と呼ばれる三論《さんろん》・成実《じようじつ》・法相《ほつそう》・倶舎《くしや》・華厳《けごん》・律《りつ》の六宗派の僧侶たちは、官僧として国家の保護のもとで、朝廷のために災厄をしずめ、国家の安泰を祈禱することを主な仕事とする一方、学問的な研鑽に励み、高度な仏教理論の展開に精を出した。

しかしその反面、民衆の救済という大乗仏教本来の理想と使命が忘れ去られて、南都六宗はほとんどの場合、民衆への布教には無関心であった。そして奈良時代の末期になると、南都六宗はむしろ、政治権力と結託して自らの宗教的特権の保持に汲々とし、仏教のいかなる進化をも阻害するような保守勢力となった。

こうした南都六宗支配の閉塞した宗教状況を打破したのは、西暦七九四年の平安遷都であった。周知のように、桓武天皇が平安京への遷都を決意した理由の一つは、まさに奈良仏教の政治との癒着に嫌気が差し、そこから逃げ出すことにあった。平安遷都は当然、南都六宗による日本の信仰の「一極支配」の終焉を意味した。

遷都のあと、古い奈良仏教に取って代わって、新しい都の平安京を中心に平安仏教が生まれた。そしてそれが大きな流れとなって、日本仏教史の新時代、そして日本思想史の新時代を切り開いていくのである。

詳しくは後述するが、理論的・貴族的仏教の南都六宗とは対照的に、平安仏教によって開かれた日本仏教の新しい流れは、まさに実践的・民衆的仏教をその特徴とするものであった。この新しい流れの起点に立ったのは、平安初期に活躍した二人の日本仏教史上の巨人、日本思想史上の巨人でもある空海と最澄である。

のちにそれぞれ「弘法大師」「伝教大師」と呼ばれたこの二人の巨人の経歴と事績は、日本ではよく知られているが、ここでは読者と一緒に復習するようなつもりで、簡単に記しておくことにする。

仏教優位の正当性を裏づけた空海の『三教指帰』

まずは空海を見てみよう。

空海は七七四年に讃岐(香川県)で、郡司である佐伯氏の家に生まれた。長じてからは親族の下で学問を習得して、のちに京に上って国家的エリート養成のための大学寮で学んだ。十八歳のときに仏門を志し、以来、四国や奈良で自力による修行を重ねた。

三十一歳のときに遣唐使船に乗って入唐し、長安の青龍寺にて高僧の恵果から密教の真伝を受け、それを日本に持ち帰った。その後、高雄山寺・東寺・高野山を拠点に密教の教えを広め、日本の真言宗の開祖となった。高野山で寂したのは八三五年であったが、九二一年に醍醐天皇より弘法大師の諡号《しごう》を贈られ、その時代から現在に至るまで、庶民信仰の対象として広く尊ばれている。

以上が、空海の生涯の概略であるが、彼が二十四歳のときに著した『三教指帰《さんごうしいき》』は、思想家としての空海の主な業績の一つであると同時に、日本の思想史上に重要な一ページを残した書物である。

『三教指帰』は、亀毛《きもう》先生、虚亡隠士《きよぶいんし》、仮名乞児《かめいこつじ》という三人の架空の人物を設定し、彼らをそれぞれ、儒教と道教と仏教の代弁者として登場させる。そして、この三人に自らの理念主張を思う存分述べさせたうえで、互いに論戦させている。

こうして空海は、中国の国家的イデオロギーとしての儒教と、中国の土着信仰である道教と、世界的普遍宗教としての仏教との徹底的な比較を行なったが、そこから導かれたのは当然、儒教・道教よりも仏教の方が遥かに優れていて一番まともな信仰だ、との結論であった。

空海は、その理由も明快に示す。個人と一族の立身出世と栄華富貴を求める儒教と、己れの不老長生と現世利益の追求を目的とする道教に対し、仏教は「一切衆生《いっさいしゅじょう》」、すなわち天下万民の救済をその使命とするものだから、理想理念の高邁さと社会的役割の大きさにおいては仏教に勝るものはない、ということである。

中国歴代の古典や故事を大量に引用しながら、驚くほどの美文で書かれたこの書物が非常に説得力のあるものであることは、一読すればよくわかる。そして本書がテーマとする「脱中華の日本思想史」において、仏教の優位を力説した『三教指帰』は当然、非常に重要な意味を持ってくるのである。

前章で論述したように、飛鳥時代以来の大和朝廷は、中国伝来の文化・文明への取捨選択において、中国生まれの儒教の摂取に冷淡であったのに対し、インド生まれの世界宗教の仏教の導入と振興に多大な情熱を注いだ。

しかし、このような究極の取捨選択を行なった理由については、当時の大和朝廷の人々はいっさい語っていないし、仏教振興において主導的な役割を果たした聖徳太子でさえそれを明確に論じたことはなかった。どうやら「不言実行」とは、当時の日本人のモードであったようである。

やがて空海になって初めて、彼は宗教家として思想家として、この問題を正面から提起して、そして正面から仏教の優位性を理論的に立証し主張したのであった。

このようなことができた理由の一つは、二十四歳までの空海の学歴にある。彼は十五歳のときに上京して母方の叔父で、桓武天皇の皇子の家庭教師を務める阿刀大足《あとのおおたり》の下で『論語』

や『孝経』などの儒教的教養を身につけ、十八歳で大学寮に入ってからも「明経道」という専攻で儒教の理論を徹底的に勉学した。つまり、『三教指帰』を著すまでには、空海はすでに儒教思想の基本を把握していたのである。

儒教と中国文化を熟知したうえで仏教に転向した空海だからこそ、儒教・道教と仏教を徹底的に比較して、その「優劣」を決めるような大仕事ができたのだ。そして、儒教と仏教の両方を研鑽した彼の説だからこそ、『三教指帰』は絶大な説得力をもって、日本における仏教優位の正当性を理論的に裏づけることができたのである。

そういう意味では、飛鳥時代の聖徳太子が日本における仏教振興策の起動者であるとすれば、弘法大師の空海こそがこの長年の国策の理論的総括者であり、日本における「仏教立国」の理論面の旗手でもあった。

「衆生救済」を明確にした「即身成仏」の思想

『三教指帰』は、それまでの仏教振興を理論的に総括しただけでなく、それ以後の日本仏教の展開にとっても重要な意味を持っている。

前述のように、空海は『三教指帰』で、儒教・道教との比較において、「一切衆生」の救済を使命とするところを仏教優位の最大の根拠にしているが、この「一切衆生の救済」という空海の宗教的志向は、平安初期以降の日本仏教の流れを方向づける契機の一つとなった。

おそらく、このような宗教的志向があったからこそ、仏門に入ってからの空海は、民衆の救済に無関心な南都六宗などの旧来の仏教に愛想をつかして、「一切衆生の救済」を使命とする仏教を求めて入唐したのであろう。そして彼が中国で学んで日本に持ち帰った「衆生救済」の仏教こそ、密教であった。

七、八世紀にインドで起こって中国に伝来した「密教」は、顕教と呼ばれる従来の仏教とは一味違って、加持《かじ》や祈禱《きとう》を重んじる実践的な仏教であることで知られる。大日如来を本尊とし、曼荼羅《まんだら》を用いて仏教の世界観を説明するその布教の手法は直観的でわかりやすい。口に真言を唱え、手に印契《いんげい》を結び、心を仏の三摩地《さんまじ》(悟りの境地)に置くという「身口意《しんくい》三密」の修行法も、簡潔明瞭なものである。

こういった要素はおのずと「大衆向け」という密教の方向性を決定づけているが、密教を日本に持ち帰った空海は見事に、それを「衆生救済」の仏教として展開させていった。

そのなかで空海が特に強調しているのは「即身成仏義」、すなわち「即身成仏」の考えである。「即身成仏」とは要するに、われわれ普通の人間でも、一定の手続きをきちん踏めば、誰でも大日如来と一体化して、この身のまま成仏できるという考えである。

これは仏教史においてだけでなく、世界の宗教史においても画期的な思想であろう。西洋のキリスト教にしても、顕教と呼ばれる従来の仏教にしても、人と神、あるいは人と仏の間には絶対的断絶があって、人が神になる、あるいは人がそのまま仏になるという考えは、まさに神や仏に対する冒瀆《ぼうとく》であった。しかし空海が持ち帰った密教は、まさに宗教の世界ではありえないような「即身成仏」を堂々と主張したのである。

そして空海はそれを、自らが日本で展開させていく密教（のちの真言宗）の教義の根底に据えた。「即身成仏義」の最大の目的はもちろん、仏教による民衆の救済にある。人間が誰でも「即身成仏」できるなら、人間は誰でも救われるのである。

しかも、「即身成仏」のために踏むべき手続きも簡潔なものだ。前述の「身口意三密」がそれである。一人の人間が、手に印契を結び、口に真言を唱え、心を仏の三摩地に集中すれば、誰でも「成仏」できるなら、無学無知の一般大衆にも当然、「成仏」の道が開かれることになるのである。

最澄が大乗戒壇建立にかけた「宗教革命」

ここまで、空海の持ち帰った密教と空海の唱える「即身成仏」において、「成仏＝救済」の道が一般大衆にも開かれた、と論じたが、空海と同時に入唐して、天台宗を日本に持ち帰った最澄もまた、大衆の救済を仏教の第一義とした偉大なる宗教家であり、思想家である。

ここではまず、「ブリタニカ国際大百科事典」の記述に沿って、最澄の略歴と事績を見てみよう。

最澄は七六七年、比叡山麓の近江・滋賀郡に生まれる。十二歳で出家し、十四歳で得度、法名を最澄とした。十九歳のとき比叡山に登り、草庵を結んで思索の生活に入る。八〇四年に桓武天皇の勅命によって空海と共に入唐し、天台山で天台の教えを受けて、翌年、それを日本に持ち帰る。八〇六年に日本天台宗を開き、比叡山を拠点に布教活動を展開する。八一九年、比叡山に大乗戒壇《かいだん》の建立を朝廷に上奏したが、南都六宗の反対で許されず、八二二年に没した。死後七日目にやっと建立の勅許を得た。八六六年に清和天皇より伝教大師《でんぎょうだいし》の諡号を贈られた。日本最初の大師号である。

以上は最澄の略歴のようなものであるが、ここで一つ注目すべきなのは、彼が中国から帰国後、比叡山に大乗戒壇の建立を朝廷に上奏したものの、南都六宗の反対で潰された一件である。実はこの大乗戒壇建立の一件にこそ、最澄の宗教思想と志向がはっきりと見えてくるのである。

戒壇とは文字通り、僧尼になる者に戒律を授けるための壇、という意味である。出家者はここで戒律を受けて初めて、正式な僧尼として認められることになる。

したがって仏門を志す者にとって戒壇で戒律を受けることは大事な通過儀礼である。一方、寺院や教団にとっては、自らの戒壇を設けて授戒できることは、僧侶への認定権を手に入れるための必須の条件である。

天台宗を中国から持ち帰って比叡山を拠点に布教を始めた最澄が、朝廷に戒壇の建立を申請した目的の一つは当然、僧侶の認定権を手に入れることにあるが、彼が建立しようとする大乗戒壇の意味は、それ以上に深遠なるものであった。

それまで日本の戒壇のほとんどは、南都六宗によって握られていた。授戒はまさに、彼らの南都六宗の宗教的特権の一つだった。最澄が比叡山に戒壇をつくろうとしていること自体がまず、南都六宗による仏教の独占に対する挑戦であるが、しかも最澄の考える戒壇は、南都六宗のそれとはまったく異なっていた。

南都六宗の戒壇は、授戒する戒律の異常な多さと煩雑さを特徴とする。戒律は二百五十戒もあるから、専門の僧侶でなければとても守りきれない。それに加えて、授戒の儀式では、戒和尚《かいわじょう》を中心とする三師と七人の証人という「三師七証」、すなわち十名の高僧の立会いが必要とされるから、一般の出家者にとって、授戒を受けるというのは、たいへん難しいことである。

最澄の目指した大乗戒壇は、南都六宗の煩雑な授戒に対抗して、戒律と授戒儀式の簡素化を図ったものであった。

まず大乗戒壇の戒律として、天台宗の基本経典である『華厳経』の系統に属する『梵網《ぼんもう》経《きょう》』という教典の定めた「十重四十八軽戒《じゅうじゅうしじゅうはちきょうかい》」を採用した。「十重四十八軽戒」とは文字通り、十の重い戒律と四十八の軽い戒律のことであるが、数の面からしても南都六宗の二百五十戒より遥かに簡素であることが一目瞭然である。しかも、そのうちの四十八の戒律は「軽戒」とされていることからもわかるように、かなり緩やかなものである。

そして授戒の儀式に関しては、最澄は従来の「三師七証」には高僧ではなく、釈迦仏や文殊菩薩などの如来・菩薩を当てることによって、実質上それらを全部省くことにした。授戒に必要なのは結局伝戒の師一人となった。それさえいない場合には、仏像の前で自ら戒律を守ることを誓えば、それで受戒したことになるのである。

このように徹底的に簡素化された戒壇と授戒は、南都六宗からすればまさに仏教の破壊を意味する。だが最澄からすれば、それこそが断行すべき日本仏教の革命であった。極力簡素化した戒壇を設けることによって、南都六宗の閉鎖した特権的な仏教を潰し、仏教をより多くの人々に開放していく。そのことこそが、最澄が大乗戒壇の建立に込めた思いであろう。

つまり、仏教を一般民衆に開放し「一切衆生」に救済への道を開こうとすることが、まさに最澄の宗教革命の理想なのである。この点においては、彼は空海と志をまったく一にしているのである。

仏教の大衆化と簡素化の道を開いた二人の巨人

最澄がこのような大衆救済の宗教志向をよりいっそう明確にしたのは、高僧の徳一《とくいっ》との論争においてである。徳一は南都六宗の一つである法相宗の僧侶であるから、この論争は実質上、最澄と南都六宗との論戦である。

奥州の会津に住む徳一と平安京の比叡山に住む最澄との論争は、書簡を通じて行なわれた。そのなかで徳一は「五性各別」、すなわち各人の性は違うことを理由に、すべての人間が成仏することは不可能であると論じた。生まれつきの性によって成仏できる人間とできない人間を区別すべきというのが徳一の論であるが、それに対し最澄は、「一切皆成《いっさいかいじょう》（一切皆成仏の略）」との立場から、人間は誰でも、学んで努力すれば仏陀《ぶつだ》の悟りの境地に達して成仏できると主張した。

つまり、徳一の差別的な成仏観に対し、最澄は明確に無差別平等の成仏観を打ち出して、仏教をすべての人々の救済のための宗教たらしめようとしていたのである。そのために、最澄は授戒の手続きの簡素化を図り、無知無学の一般の民衆にまで仏門帰依への道を開こうとしたのであった。

こうしてみれば、最澄の唱える「一切皆成」と、前述の空海の「即身成仏」と、その目指すところはまったく同じであることがよくわかる。大衆に向けて仏教を開放していくために、空海は「身口意三密」という誰でも実行できる簡素な成仏の方法を開発し、最澄は授戒の手続きの簡素化を図った。言ってみれば、大衆化と簡素化は、まさに空海と最澄の共通した宗教志向と方法論なのである。そして、後述するように実はこの二つの性格こそが、平安仏教から鎌倉仏教までの日本仏教の流れを特徴づけるものとなっていくのである。

そういう意味では、空海と最澄こそ、鎌倉仏教に至るまでの日本仏教の流れを作り出した巨人であるといえよう。そして、空海と最澄によって作り出されたこの日本仏教の流れはそのまま、仏教の日本化の流れでもあった。

「南無阿弥陀仏」の萌芽――空也と源信

以上、空海と最澄が開祖となった日本の真言宗と天台宗のそれぞれにおいて、仏教の大衆化と簡素化が共通して目指されていることを見てきた。仏教の大衆化を目指すからこそ、救済への手続きの簡素化が必要となってくるし、手続きの簡素化によって初めて、仏教が一般の大衆にも開放されていく。大衆化と簡素化はこのように、空海と最澄の開いた平安仏教の相補相成の二大特徴であった。

時代が下ると、この二大特徴が平安中期・後期を経由して鎌倉時代の新仏教に引き継がれ、日本仏教の明確な特質となっていく。

平安中期において、仏教の大衆化と簡素化の流れを受け継いでそれを実践的に展開させた代表的な人物の一人に、天台宗に近い僧侶の空也《くうや》（九〇三～九七二年）がいる。

「市聖《いちのひじり》」と呼ばれた空也は、世から隔離された山での念仏・修行とは一線を画し、文字通り民衆のなかに飛び込んで諸国を回った。「南無阿弥陀仏」の名号を唱えながら道路・橋の修造などの社会事業を行ない、一般民衆の救済に尽力した。

彼の目指す仏教はまさしく「大衆のための仏教」そのものである。そのために、民衆に対して布教を行なうとき、難しい教義・経典の説教などはいっさいせずに、ただひたすら「南無阿弥陀仏」の名号を唱えるだけであった。「仏教の簡素化」の極め付きといってもよいこのような布教法は、のちに鎌倉時代の念仏教につながっていった。

同じ平安中期に活躍した天台宗の僧・恵心僧都《えしんそうず》、すなわち源信（九四二～一〇一七年）は、『往生要集』を著して浄土教の教説を立てたことで知られている。極楽浄土へ往生する方法論に関して源信は、自らのことを「頑魯《がんろ》の者」と称し、無知無学の一般民衆の立場から「称名念仏」を提唱した。

「称名念仏」とは要するに、「南無阿弥陀仏」の名号を称えて一心に念じていれば、人は誰でも極楽浄土へ往生することができるという考えである。

このような簡潔明瞭な救済法はいうまでもなく、一般民衆の誰でもが簡単に実践することのできるものである。「称名念仏」を提唱することによって源信は、「極楽浄土」という至高無上の世界を、社会の低層の一般民衆に開放することとなった。

源信の考えと思いは、「往生の業《ごう》には念仏を本となす」（源信著、石田瑞麿訳注『往生要集』

〈上〉、岩波文庫、一九九二年）、「「阿弥陀仏には不可思議の威力《いりき》ましまし、もし一心に名《みな》を称すれば、念々の中に、八十億劫の生死の重罪を滅したまふ。この故に、いま当《まさ》に一心にかの仏を念じて、この苦界《くがい》を離るべし」（同『往生要集』〈下〉）などの彼自身の言葉に凝集されている。空海と最澄によって開かれた平安仏教の大衆化と簡素化という二つの特質は、ここでもはっきりと見て取れるのである。

極楽往生は富裕層の特権に非ず――法然と親鸞

大衆化と簡素化によって一般民衆の普遍的な救済を目指す平安仏教の流れを受け継いで鎌倉仏教へとつなげていったのは、平安晩期から鎌倉初期にかけて活動した浄土宗開祖の法《ほう》然《ねん》（一一三三～一二一二年）である。

十五歳から天台宗本拠地の比叡山で修行を始め、四十三歳で山から降りて浄土宗を開いた法然は、空也や源信と同様、あるいは空也や源信以上に、徹底した民衆視線の宗教家である。彼も称名念仏を大衆向けの救済法として唱えるが、その理由について法然は自著の『選《せん》択本願念仏集《じゃくほんがんねんぶつしゅう》』においてこう述べる。

「弥陀如来法蔵比丘《ほうぞうびく》の昔、平等の慈悲に催されて普《あまね》く一切を摂せんがために、造像起塔等の諸行を以て往生の本願と為したまはず。唯、称名念仏の一行を以て其の本願と為したまへり」（田村芳朗『日本仏教史入門』〈角川選書、一九六九年〉より）と。

その時代、極楽浄土への往生が多くの人々の願いとなっているなかで、裕福な人々や権勢のある人々は、仏像や仏塔を造って寄付するような「善業」を行なうことで極楽往生を成し遂げようとしていたが、一般の貧しい民衆にはそんなことは当然できやしない。しかしそれでは、「造像起塔」のできない貧しい人々は極楽浄土から排除されることになるのか。

このような深刻な宗教問題に対して、法然ははっきりと「NO」と答えた。仏教の原点である「弥陀如来法蔵比丘の昔」に即してみれば、「造像起塔等の諸行」は決して「往生の本願」ではない。「称名念仏の一行」こそが本願であり、極楽浄土へと往生するための決め手だからだ。

つまり、極楽浄土への往生は決して一部の富裕層や権力者たちの特権ではない、と法然ははっきりと言った。弥陀如来法蔵比丘の「平等の慈悲」の下で、貧しい人でも社会的弱者でも、その慈悲に身を預けて称名念仏を一心不乱に行なえば、誰もが極楽往生できるというのである。

そのために、法然は自らの仏道を「専修念仏」とも呼ぶ。ただひたすら称名念仏すれば、救済への道がおのずと開かれてくる。これほど簡易簡潔な修行法もなければ、これほど民衆的視点からの仏道もない。彼によって開かれた日本の浄土宗はそういう意味では徹頭徹尾、民衆のための仏教なのである。

法然による浄土宗の開創に至って、空海と最澄を源とした大衆化と簡素化という二つの性格は、まさに日本仏教の特質として定着した。そして法然から始まった鎌倉新仏教の展開はある意味では、理論と実践の両面においてこの二つの特質をよりいっそう深化させていくプロセスである。

そのなかで、法然の弟子である親鸞《しんらん》（一一七三～一二六二年）は念仏往生からさらに一歩進んで、人間は専修念仏によって往生できるだけでなく、「如来等同」、つまり如来と一体化することもできると唱えた。

親鸞はまた、「悪人正機説」を唱えたことでよく知られる。悪人であっても、というよりも悪人だからこそ、自らの不完全さを自覚してひたすら念仏の一行で阿弥陀仏に身を委ねることになり、そうすることによって救いの道が開いて極楽往生することができるのである。

このような「悪人正機説」において、仏教の救済は「善悪」の隔たりを超えてより多くの人々に開放されることになったから、仏教の大衆化は親鸞の手によってよりいっそう進んでいったと言える。

さらに進む仏教の大衆化——日蓮と一遍

親鸞より約半世紀遅れて登場する日蓮（一二二二〜一二八二年）もまた、仏教の大衆化に大きく貢献した偉大なる宗教家の一人である。今の千葉県にある小湊という漁村に生まれて、生涯自らのことを「貧窮下賤」だと称した日蓮は、天台宗に基づいた新たな民衆のための仏教の創造を求めた。そしてその結果、「南無妙法蓮華経」の題目を唱えることで救いを求める日蓮宗を開いた。

『法華経』に依拠する彼は、教義の違いから念仏教を厳しく批判していることでも知られるが、「民衆のための仏教」という視点においては、日蓮の思想は浄土宗の法然や親鸞とは何の違いもない。もちろん、浄土宗の唱える「念仏」と、日蓮宗が大事にする「唱題＝題目を唱える」とは、手法において相通じるものである。

宗派の違いや争いがあっても、仏教の「大衆化」と「簡素化」はやはり、鎌倉仏教の共通した特質であった。

鎌倉仏教のなかで、もう一人取り上げておくべきなのは、時宗の開祖の一遍《いっぺん》（一二三九〜

一二八九年）である。彼の生涯はもっぱら、日本各地を遊行して踊り念仏を民衆に広げていくための一生であった。

「踊り念仏」という、民衆によりいっそうの親近感を持たせる念仏法にこだわる一遍の志はやはり、一切衆生の救済にあったのであろう。十数年に及ぶ遊行で、一遍は従者たちを連れて、東は東海、北陸、奥州に、西は中国、四国、九州にまで足を伸ばして踊り念仏を広げた。彼の勧進帳に名を連ねた者、すなわち布施した者の数は二十五万人に上ったという。当時の人口からすれば、それは驚くべき大人数である。

一遍の活躍するこの時代、日本における仏教の大衆化はすでに、その行き着くところにさしかかっていたのである。

天台本覚思想の成立と日本的信仰への回帰

ここまで、平安時代から鎌倉時代にかけての、仏教の大衆化と簡素化の流れを概観した。仏教というものを一般大衆に開放し、仏道をこの世に生きるすべての人々のための成仏（救済）の道たらしめることが、空海、最澄から法然、一遍までの偉大なる宗教家・思想家たちに共通する思いであったことが、よくわかる。

しかし、このような仏教運動の展開していくためには、一つの思想的前提が必要であった。無知無学の大衆を含めたすべての人々に成仏（救済）の道を開こうとするなら、そこにはまず、善悪・賢愚を問わず、身分や階級を問わず、資質の有無も問わず、すべての人々は成仏できる、あるいは成仏するチャンスがある、という考えが成立していなければならない。

つまり、「人間は誰でも成仏することができる。仏になることができる」という思想こそが、日本仏教の大衆化の前提条件なのである。

もちろん、このような思想は従来の仏教にはない。インド伝来の従来の仏教においては、いわゆる八正道の実践を通して悟りや解脱に到達できるのはむしろ少数の人であるとされている。ましてや「成仏」の話となると、それは普通の人間の到達できる領域ではなく、菩薩と呼ばれるような特異な存在にのみ許される道なのである。

日本に伝来した仏教が、普通の人間が念仏さえすれば極楽浄土へ行けるという浄土教や、題目さえ唱えれば誰でも成仏できるという日蓮宗に変身していったのは、一体なぜなのか。その前提となった思想とは何か。

その鍵を握る思想こそ、平安中期に成立したと言われる「天台本覚思想」という日本独特の考え方であった。

「本覚」という言葉はインド伝来の仏教書である『大乗起信論』に出てくる仏教用語で、人間に本来等しく備わっている仏の悟り、つまり本性としての悟りを指している。それが日本に伝わってから、天台宗を中心にして「人間に本来備わっている仏性」として再解釈されていった。そこから生まれたのが「本覚思想」である。

人間には誰でも生まれながら「仏性」が備わっているならば、当然、人間は誰でも「成仏」できる。というよりも、生まれながら仏性が備わっている人間は最初から「仏」そのものであるから、それを自覚さえしていれば、誰でもそのまま仏になれる。「本覚思想」は、そのような考えに立つ。

前述の空海の「即身成仏義」や最澄の「一切皆成」の思想は、この「本覚思想」とまさに軌を一にしている。最澄が開いた天台宗を中心に本覚思想が生まれたことは、日本仏教の流れからすればむしろ必然のことであろう。

このような思想の誕生は、仏教史上においてだけでなく、世界の宗教史上においても画期的なことであろう。人間が誰でもそのまま仏であるのならば、伝統的な仏教の考え方からすれば、如来も菩薩もその存在意義が否定されてしまい、宗教としての仏教の基盤そのものがひっくり返されてしまう。ましてやキリスト教の世界では、人間にはそのまま「神性」が備わっていて、そのまま「神」となるという説を認めてしまえば、キリスト教そのものが直ちに崩壊するであろう。

しかし平安期の日本人だけは、仏教自体の否定につながるような本覚思想を打ち出して、仏教に対する日本的革命を断行した。ある意味では、本覚思想の誕生をもって、日本の仏教は、もはやインドの仏教でもなければ中国の仏教でもなくなって、見事なまでに日本的な仏教となったのである。

そして、人間は誰でも仏性が備わっていて誰でも成仏できるという本覚思想はさらに発展し、「草木国土悉皆《しっかい》成仏」という言葉で表現される、あまりにも日本的で特異な思想にたどり着く。

この言葉の意味は、「仏性が備わって成仏できるのは何も人間だけに限ったことではない。草木や国土を含めたこの世の森羅万象には皆、仏性が備わっており、悉《ことごと》く成仏できる」ということである。

言ってみれば、天台本覚思想が神聖なる「仏性」をすべての人間に平等に与えたことからさらに進んで、「草木国土悉皆成仏」は人間という限界を超えて、仏性をありとあらゆる存在に拡大していったのである。その結果、われわれ人間自身とわれわれ人間の生きるこの世界のすべてに「仏性」が遍在していて、世界のいたるところに「仏性」が光っていると見る世界観が誕生することとなった。

東京大学名誉教授で著名な仏教学者の末木文美士《すえきふみひこ》氏によると、「草木国土悉皆成仏」という言葉は、平安前期の天台宗の僧である安然《あんねん》の『斟定草木成仏私記《しんじょうそうもくじょうぶつしき》』にすでに出ているという（末木文美士『草木成仏の思想――安然と日本人の自然観』サンガ、二〇一五年）。それが普及したのは平安中期以後だと思われるが、末木氏も指摘しているように、この言葉はまさに日本でつくられたものであり、その背後にあるのは日本的思想である。

ならば、「草木国土悉皆成仏」という言葉の背後にある日本的思想とは何か。末木氏の師であり、東洋大学教授、東京大学教授を歴任した仏教史研究の大家である田村芳朗氏はそれを、日本従来の素朴な原始信仰であるアニミズムに求めた（田村芳朗『日本仏教史入門』）。

田村氏によれば、日本人は古来、山や森、海や川、あるいは雨・風・雷など、自然万物のなかに霊的な力が宿っていると考え、その力を神々として信奉してきた。こうした素朴な原始信仰としてのアニミズムは、世界の各民族の歴史のなかにも見つけることができるが、大半の場合、文化・文明の発達に伴って消えていくこととなる。しかし興味深いことに、日本においてはアニミズム的信仰が消えることなく、現代に至るまで存続している。日本人の意識の底に、アニミズム的考え方が強く流れつづけていたので、仏教も直ちにその影響を受けるようになった、というのである。

こうしてみると、「草木国土悉皆成仏」という考え方の背後にあるのは、自然万物のすべてに霊力と神が宿るという日本伝来の原始信仰であることがわかる。そして、実はここに、日本の仏教史と思想史を考えるうえで非常に重要な意味を持つ大事なポイントがあるのである。

周知のように、自然万物に霊力や神が宿っているという考えは、日本伝来の民族宗教である神道の考えである。日本の神道は、まさに原始信仰としてのアニミズムを源としている。八百万の神々という日本神道の世界観は、アニミズムの世界観そのものであろう。

そうすると、もし、日本仏教のたどり着いた境地が「草木国土悉皆成仏」の世界であるならば、その意味するところは要するに、インドから伝来した仏教が、この日本において開花して進化した結果、日本古来の民族的信仰と合流して、日本的信仰への回帰を遂げた、ということなのである。

つまり、平安仏教から鎌倉仏教へと変貌していったプロセスにおいて、日本の仏教は見事に日本化して日本的仏教となる一方、日本伝来の民族的信仰は形を変えて仏教のなかに溶け込んで、日本的仏教思想の基本をなすことになったのである。

言葉を換えれば、要するに、「草木国土悉皆成仏」という言葉と思想が定着して以来、仏教は日本的仏教になっただけでなく、それはまさに「神道的仏教」となり、原始時代以来の日本人の心と思想が生きるような日本の仏教になった、ということである。

「神の仏への従属」という大胆新奇な知恵

前節においてわれわれは、平安期以来、仏教が徐々に日本化して日本的仏教として展開していくなかで、日本古来の神祇《じんぎ》信仰と思想が仏教に溶け込んでその底流をなしていったことを見た。

ならばこのプロセスにおいて、のちに「神道」と呼ばれるようになる日本古来の神祇信仰は、それ自体、どのような変化を遂げていったのだろうか。日本古来の民族的信仰と思想が、仏教に多大な影響を与えてそれを変質させていったわけだが、その一方で、外来宗教としての仏教は逆に、日本古来の信仰と思想にどのような影響を与えてその変化を促してきたのか。それはまた、日本思想史上のもう一つの重要問題として吟味すべき、たいへん興味深いことである。

六世紀半ばに仏教が日本に伝来したとき、いわば日本にとっての「蕃神」たる如来や菩薩を崇拝して良いかどうかという「崇仏論争」が大和朝廷の有力貴族である物部氏と蘇我氏の間で行なわれたことは、本書の第一章でも触れた。その際、仏教の崇拝対象である如来や菩薩を「蕃神」と呼ぶのは、当然、日本古来の神々の存在をその前提としてのことである。

日本における神道の成立がいつなのかについては、さまざまな学問上の論争があるが、仏教が伝来する以前から、各豪族の氏神や自然万物を崇拝の対象とする日本古来の神祇信仰が存在していたことは間違いあるまい。そして、「崇仏論争」が実際にあったことからもわかるように、仏教が日本に伝来したその日から、外来宗教とどう対峙するのか、あるいはどう折り合いをつけるかが、日本伝統の神祇信仰にとって、大問題の一つとなっていた。

その際、仏教と対峙しあるいは対抗するには、日本古来の神祇信仰は圧倒的に不利な立場にあった。インドで発祥して中国で開花し、日本に渡来した大乗仏教は、洗練された教義と高度な理論的体系を持ち、体系化された儀式や作法をきちんと備えた成熟期の宗教であった。それに対し、日本古来の神祇信仰は理論的体系どころか、教義らしい教義すら持たない、原始信仰のままの姿であった。

高度に発達した宗教体系としての仏教に、日本古来の民族信仰が真正面から対抗するようなことは最初から不可能であった。まして大和朝廷自体は国策としての仏教振興策に全力を挙げていたから、仏教があっという間に日本の信仰空間を席巻してしまい、日本という国を仏教一色に塗り替えていった。

このような状況下では、日本古来の神祇信仰にとって、仏教と対抗するどころか、仏教に呑み込まれて消滅しないためにどうするかが最大の問題となっていた。

もちろん当時の大和朝廷は、仏教の振興策に情熱を燃やす一方、国の根幹に関わる部分では、日本古来の神祇信仰の保存に注意を払っていた。

たとえば天武・持統天皇の時代、「僧尼令」などが整備されて仏教の国教化が進む一方、大宝律令においては「神祇令」が制定され、伊勢神宮を頂点とした国家的神祇祭祀の体系が整えられた。あるいは天武天皇の勅命で編纂された『日本書紀』に、「天皇は仏法を信じ、神道を尊ぶ」（用明即位前紀）と明記されていることからもわかるように、当時の大和朝廷は、中華帝国・中華文明と対抗するために世界宗教としての仏教を熱心に振興しつつ、日本古来の神祇信仰、すなわち神道を、国家の祭祀制度の中心に据えていた。

大和朝廷のこうしたバランス感覚は優れたものではあったが、しかしやはり、全体的に見れば外来宗教である仏教の圧倒的な力強さを前にして、日本古来の信仰はなかなか太刀打ちできなかった。朝廷によって特別に保護された宮中祭祀や伊勢神宮などの限られた領域以外では、日本古来の神祇信仰は徐々に地盤を失って敗退を余儀なくされたのである。

こうしたなかで、仏教の圧倒的な影響力を前に、いかにして自己保存を図って生き延びるかが、日本古来の神祇信仰にとって死活問題となるのである。

そのとき、日本古来の神祇信仰が生き残りのために取った戦略の数々は、実に驚くべきものであった。

その戦略の一つがすなわち、日本古来の信仰が外来宗教の仏教に対して姿勢を低くして、仏教に救いを求める立場に自らを立たせてしまう、という苦肉の策である。その際、信仰の対象であるはずの神はむしろ「信仰者」として、仏教に救済を求める存在となるのである。

前述の末木文美士氏は、神が仏教に救済を求めることを「神の仏への従属」と表現している（末木文美士『日本仏教史——思想史としてのアプローチ』新潮文庫、一九九六年）。氏によれば、「神の仏への従属」の第一の形態はすなわち、神を迷える存在として捉え、仏に救いを求めさせることである。そしてその典型的な例は、八世紀から出現した神宮寺に見られるという。

神宮寺とは神社のなかに建てられる仏教寺院のことであるが、たとえば八世紀初頭、由緒ある気比《けひ》神宮に神宮寺が建てられたことがある。その建立の経緯が七六〇年成立の『藤原家伝』という書物に記されている。藤原不比等の長男で、奈良時代初期から朝廷の高官を務めた貴族の藤原武智麻呂《むちまろ》の夢に神が現れ、武智麻呂にこう告げたという。

「あなたが、仏法を篤く信仰していることは、人も神も共に知るところである。私のために寺を造り、救ってもらいたい。私は前世からの業《ごう》によって、長いこと神のままである。現在、仏道に帰依して修行を積んでいるが、まだ因縁を得ていない。だから、あなたにお願いに来たのだ」（『〈藤氏〉家伝』下・武智麻呂伝。引用は、伊藤聡『神道とは何か——神と仏の日本史』〈中公新書、二〇一二年〉より）

これを聞いた武智麻呂は、おそらく気比の神からのお告げだと思い、さっそく気比神宮に神宮寺を建立したわけだが、この物語においては、日本伝来の神は半ば「神」であることをやめて、普通の凡人となったかのごとく仏道にすがって救いを求めてきているのである。人に拝められる存在であるはずの神が、弱い人間と同様の「弱者」の立場から仏道に帰依するとは、いかにも大胆新奇な発想の転換であるが、その結果、気比の神は神宮寺を建立してもらうことによって、席巻してきた仏教勢力の前で自らの領域を守ることができたのである。

奈良時代の養老期に神宮寺が建立された若狭比古《わかさひこ》神社の場合も同じような話があった。若狭比古大神は人に化身して、赤麿という仏教の修行者に「ここは私が住んでいる処だ。私は神の身を受けたがゆえに、苦悩が甚だ深い。仏法に帰依することで、神という境遇を免れたく思っているが、その願いはいまだ果たされない。だから、このように災害を起こすのだ。あなたは私のために、よく修行してもらいたい」（『日本後紀』逸文、『類聚国史』巻百八十・仏道七、伊藤聡『神道とは何か』）と念願した結果、神宮寺が建てられたというのである。若狭比古大神という由緒ある神様も、ここでは仏道に救済を求める存在となっていた。

このようにして、信仰の対象であるはずの神を、仏道への帰依者に「身を落とさせる」ことによって仏教との共存を図っていく。それこそ、日本古来の神祇信仰が生き残りのためにとった方策の一つであった。

前述の末木文美士氏が「神の仏への従属」の第二の形態として挙げているのは、「神が仏法を守護する」という関係性の構図である。

末木氏によれば、このような関係性の初出は、七四九年の宇佐八幡宮の大仏建立に関する託宣であるという。そのとき、聖武天皇が奈良で国家的仏教振興事業の集大成として大仏を建立しようとしたのに対し、宇佐八幡宮の神からは、「神である我は、天神・地祇を率い導き、〔大仏建立を〕成就させようと思う。熱い銅の湯でも冷水に変え〔るような霊力を働かせ〕、草や木や土に我が身を交わらせ、障害なく〔この事業を〕成し遂げよう」（『続日本紀』、伊藤聡『神道とは何か』）との託宣が下された。

日本伝来の神に、大仏建立のために「わが身を草木土に交えて」と言わせたこの託宣は、日本古来の神祇信仰は仏教への奉仕者にまで自らが「成り下がった」ことを表している。そしてそれ以来、日本土着の神々が仏に奉仕し、仏法を守護する役割を担う存在であるとの考え方が広がっていった。

このようにして、圧倒的な文明力と宗教力を持つ仏教が現れたとき、日本古来の神祇信仰はやむをえず、自らの立ち位置を仏教への信奉者・奉仕者として再定義することによって仏教との共存を図り、生き残りを図っていた。そして、このような戦略の実施によって存立基盤を固めたうえで、日本古来の神祇信仰はその後、仏教との共存のためのより高度な戦略を打ち出していくのである。

「本地垂迹」は思想史上の傑作である

前述のように、仏教が圧倒的な文明力をもって日本で広がっていくなかで、日本伝来の神祇信仰はまず、日本の神々を仏教の信奉者あるいは守護者の立場に身を置くことによって、自らの存続基盤を守った。こうしたうえで、日本の神祇信仰は、今度は仏教との共存のためのより高度な戦略を打ち出していくのだが、それこそ、日本独特の「本地垂迹説《ほんじすいじゃく》」の登場である。

「本地垂迹説」とは要するに、仏・菩薩を「本地」、日本の神々を「垂迹」とし、本地である仏や菩薩は日本人を救うために、この日本にやってきて日本の神々に変身（垂迹）した、と説く考えである。

その際、仏や菩薩は日本の神々の本来の姿であって、神々が仏や菩薩の単なる化身とされているから、日本の神々に対して仏や菩薩は依然として優位ではあるが、この本地垂迹説の登場によって、仏・菩薩と、日本古来の神々との関係性には一つの劇的な変化が起きた。一度は、仏や菩薩への信奉者、仏教に救いを求める存在だとされていた日本の神々が、一気に仏や菩薩の化身となったのである。神々はもはや信奉者の立場でもなければ、救いを求める存在でもない。日本の神々はまさに仏や菩薩の化身として、再び人々から信奉される信仰の対象となり、そして人々に救いを与える存在になった。

つまり、仏や菩薩の垂迹＝化身となることによって、日本の神々は見事に、神々としての復権を果たしたのである。

それこそは、仏教の圧倒的な影響力を前にして、日本伝来の神祇信仰が打ち出した究極の「失地回復戦略」である。本地垂迹の考えから発する日本宗教史上有名な神仏習合は、このような神道側の「失地回復戦略」のもたらした結果であるが、「本地垂迹説」の誕生と広がりについては、日本思想史研究家で茨城大学教授の伊藤聡氏が前掲の著書『神道とは何か』に詳しく記しているので、以下、それに沿ってその歴史を辿ってみよう。

伊藤聡氏の説によれば、「本地垂迹」はまず、一部の日本の神々を「菩薩」の名で呼ぶことから始まった。その先鞭をつけたのは、託宣を出して奈良の大仏建立に協力した宇佐八幡宮の八幡神である。延暦十七年（七九八年）に大宰府に宛てた太政官符や大同三年（八〇八年）の太政官符に「八幡大菩薩」の称号が見られるから、その頃から、「八幡大菩薩」の呼称が公に認知されていたことがわかる。そしてその後、神のなかには菩薩の名を冠するものが続々と現れてきたという。

日本の神が菩薩となったことは、古来の神祇信仰による失地回復の第一歩であろう。仏教の世界においては、菩薩というのは救いを求める衆生と救いを与える仏との中間的な存在であるから、「菩薩」となったことで、日本の神々は、かつては気比の神や若狭比古大神がそうしたように、ひたすら仏道の救済にすがるような受け身の存在ではなくなった。神々はむしろ、人々の成仏を助ける存在（菩薩）となって、救済者としてのかつての立場を取り戻した。

また、「八幡大菩薩」への信仰が広がると、石清水八幡宮の建立から始まって、いわゆる「宮寺」という特別な形態を持つ宗教施設が出現した。「神仏習合」の初期段階で出現した神宮寺は、神社のなかに寺が付属施設として建てられるのが普通であったが、それとは一味違った宮寺は神社と寺院が融合した特殊な存在である。神社のなかに寺院があるのではなく、神社はそのまま寺院であり、寺院もそのまま神社であった。仏教と神道はここで一体化したのである。

そして、宮寺の出現を経て神仏の習合はさらに進み、十世紀頃には本地垂迹説の成立が見られた。

伊藤聡氏の前掲書によると、神と仏の本地垂迹の認識が明確に示されたのは、承平《じょうへい》七年（九三七年）の大宰府牒《ちょう》においてであるという。宇佐八幡の神宮寺である弥勒寺に建てる予定の宝塔が火災によって中断されていたのを、筥崎《はこざき》千部寺（筥崎八幡宮の神宮寺）の僧侶が筥崎の地に建立しようと請願したとき、大宰府より発給されたものである。文中「彼宮此宮、其地異なると雖《いえど》も、権現菩薩の垂迹、猶《なお》同じ」とある。つまり、宇佐宮と筥崎宮とはその場所は異なるが、いずれも「権現菩薩」の垂迹であることは同じだから、筥崎に宝塔を建ててもよい、ということである。

日本の神々のなかで率先して菩薩となったのは八幡神であることは前述の通りだが、菩薩の「権現」として日本に垂迹したと認定された神の第一号も、やはりこの八幡神である。それ以後、たとえば寛弘元年（一〇〇四年）の大江匡衡願文《おおえのまさひらがんもん》では、熱田神に「権現」の呼称が使用され、『政事要略』という書物の寛弘三年（一〇〇六年）の記事では、天照大神を観音の「御変」としている。以後、鎌倉時代にかけて、諸神の本地の仏が特定される傾向が全国に広がり、日本の主だった神社には本地仏が決定されていったのである。

たとえば、天照大神の場合、本地が観音とされる以外に、大日如来こそが本地であるとの説も広く流布した。いっとき菩薩とされた八幡神も「昇格」して阿弥陀仏あるいは釈迦を本地として持つようになった。

このようにして、日本古来の主だった神々はことごとく、何らかの如来や菩薩の化身となってこの日本の地で垂迹することになった。かくして日本の神々は、まずは一度わが身を捨てて仏に奉仕することで生き残りを果たしたあと、次には仏と一体化することによって自らの地位を取り戻す。日本古来の神祇信仰の知恵は、実に見事なものである。

日本古来の民族信仰の柔軟性と懐の深さも、ここに象徴的に現れているといってよい。異なった宗教である仏教の「来襲」に対し、日本伝来の神々と信仰は、むやみにそれを排斥するのでもなければ、無理してそれと対抗するのでもない。むしろ姿勢を低くして謙《へりくだ》り、その奉仕者となったり化身となったりして、融合と共存を図っていくのである。

そういう意味では、「本地垂迹」という考え方の出現は、日本の思想史上、あるいは世界の思想史上において、まさに異なった宗教間の融合と共存の可能性を示した画期的な出来事だといえるだろう。本地垂迹と神仏習合は、日本の精神と思想の奥深さを示した思想史上の傑作であった。

神々の優位を確立した吉田神道と日本神道の成立

前節で述べたように、「本地垂迹説」を唱えて、自らが仏や菩薩の垂迹（化身）になることによって、日本古来の神々は、神らしい地位を取り戻すことができた。

しかしそれでも、日本の神々は依然として仏や菩薩への従属の立場から完全には脱出できていない。「本地垂迹」において、本地、すなわち本体はあくまでも仏や菩薩であって、垂迹（化身）としての日本の神々は依然としてそれに従属しているような存在であった。

このような従属的立場からいかにして脱出するのか。あるいは、このような従属的な立場をいかにして逆転させていくのか。それは当然、日本古来の神祇信仰にとっての次なる課題だったが、鎌倉時代初期の山王神道や伊勢神道の成立から始まる日本神道の理論的構築の動きは、この課題への対処策としての意味も持った。

山王神道は比叡山の守護神である日吉山王社を中心に発展した神道理論で、天台宗の立場から神仏習合を唱える理論神道である。釈迦が衆生を教化するために山王の神として現れたという本地垂迹説がその理論的基軸となっているが、前出の末木文美士氏が著書の『日本仏教史』において指摘しているところによると、天台宗の本覚思想の影響の下で、山王神道において神道を仏教より上位に置く傾向が育まれたのだという。

末木氏の論述によれば、本覚思想は極端な現実肯定の立場に立っており、現実をそのまま究極の真理だとする主張にもつながる。したがって、本覚思想に立脚する天台宗を思想の母体とした山王神道では、仏と神との関係性は、垂迹である神の方が目の前の現実だからそのまま究極な存在であって、現実にその姿を現さない仏の方がむしろ低い存在だとされるようになった。

従来の本地垂迹における仏と神との関係は、ここでは逆転している。仏という本地に従属しているはずの神は、逆に究極の存在となって優位に立っているのである。

山王神道が編み出したこの考え方は、日本古来の神祇信仰が仏教への従属的地位から完全に脱出するための第一歩だと思われる。そして、このような傾向は、鎌倉時代晩期に伊勢神宮の外宮《げくう》を中心に誕生した伊勢神道においてよりいっそう顕著となった。

伊勢神道というのはもともと、伊勢神宮の外宮の内宮《ないくう》に対する優位性を主張するものであるが、その理論的構築において、外宮の神官である度会《わたらい》氏が「神主仏従」の考えを明確に打ち出したことは注目される点である。「日本の神が主であって仏は従属的立場にある」というこの画期的な思想は、のちに吉田神道によって受け継がれ、仏教への従属関係から完全に脱出した日本神道の成立に大いに貢献した。

そして、いよいよ「唯一神道」とも呼ばれる吉田神道の登場である。

吉田神道を大成した吉田兼倶《かねとも》（一四三五〜一五一一年）は室町時代に活躍した神道家である。本姓は卜部《うらべ》氏。家は代々神祇権大副《じんぎごんのたいふ》として、吉田神社、平野神社の神官であった。彼は神祇権大副の立場を利用して、自らが創建した大元宮《だいげんぐう》を中心に全国の神社と神職に神位・位階を授ける制度を作り上げ、日本の神祇信仰の統一化と組織化を図る一方、その理論的根拠として、「唯一神道」という名の神道理論を大成した。

兼倶の神道理論の構築は、主に『唯一神道名法要集《みょうほうようしゅう》』という書物において行なわれている。そのなかで彼は、神道を、本迹縁起《ほんじゃくえんぎ》神道、両部習合《りょうぶしゅうごう》神道、元本宗源《げんぽんそうげん》神道という三種類に区分したうえで、本迹縁起神道と両部習合神道は仏教の立場からの神道であるのに対し、元本宗源神道こそが神道の原点に戻って、万物の根源を極めようとする本物の神道であると論じた。

つまり兼倶はここで、本地垂迹説の立場から仏教への神道の従属を主張する旧来の本迹縁起神道や両部習合神道に別れを告げ、仏教から自立した日本神道の理論的構築を試みているのである。そのために、兼倶はまず「反本地垂迹説」を明確に唱えて、伊勢神道から受け継いだ「神主仏従」の立場を主張した。

兼倶の解釈では、仏法がまだ日本に伝わらなかったときには、神明の託宣によって善悪の裁きがなされていたが、人心に偽りが多くなってから託宣を仏に譲り、仏が神に代わって経を説くようになったという。したがってここでは、仏は単に神の代わりに経を説いて人々の救済にあたっているだけの存在で、人々を救う主体はあくまでも神なのである。

兼倶の生きた時代より約百年前に、天台宗の僧であり神道家でもある慈遍は日本とインドと中国との三者関係についての「根葉花実論《こんようかじつろん》」を唱えた。彼はこの三者の関係を一本の木にたとえて、日本を根、中国を枝葉、インドを花実に比定し、神国日本のインド・中国に対する優位を主張した。

兼倶になると、上述の「神主仏従」の思想を補強するために、彼は卜部氏の親族筋でもある慈遍の主張を受け継いで、その「根葉花実論」を思想史的に再解釈して次のように論じた。

曰く「吾が日本は種子を生じ、震旦（中国）は枝葉に現はし、天竺（インド）は花実に開く。故に仏法は万法の花実たり。儒教は万法の枝葉たり。神道は万法の根本なり。彼の二教《か》は皆是《こ》れ神道の分化なり」と（末木文美士『日本仏教史』より）。

ここで兼倶は、日本とインドと中国との三者比較から発した慈遍の「根葉花実論」を、儒教と仏法と日本の神道との比較の文脈に置き換えた。これをもって彼は、神道こそが「万法の根本」であるとし、仏法は単なるこの根本から生み出された「花実」にすぎないと主張した。「仏を本地、神を垂迹」とする従来の「本地垂迹説」はこれでひっくり返され、仏と神々との関係は一気に逆転させられた。時間的関係性において、まずは「根本」である神道があってから「花実」としての仏法が現れたのであり、因果的関係性においては、「根本」

である神道があってこその「仏法」なのだと明確に位置づけられたのである。

そういう意味では、神道と仏教の関係性について兼倶の打ち出した「根葉花実論」は、まさに日本の思想史上の「コペルニクス的転回」というべきものであった。圧倒的な文明力を持つ仏教の伝来以来、いっときは仏法の奉仕者に身を落としたり、垂迹の立場に甘んじて本地である仏の「日本代理店」を務めたりして生き延びてきた日本古来の神祇信仰は、これでようやく、仏教への従属の立場から完全に脱出して、仏教の上位に立つことを自ら宣言することができた。

兼倶はさらに、自らが転回させた仏と神との本地垂迹の関係性について、日本古来の正直・清浄の倫理観を「本地」とし、仏教の唱える慈悲をその「垂迹」と見なす考えを示す。正直・清浄という古来の教えは神道の根本であるが、末世になると神道の教えが理解されなくなったので、そこで仮に仏の慈悲をもって法を説くことになったのだと兼倶は主張した。

つまり兼倶はここで、「反本地垂迹説」をもって日本の神と外来神の仏との関係を逆転させただけでなく、「正直と清浄」という、まさに日本神道に独特な感性と思想、というよりも日本民族固有の感性と思想を「本地」として、仏教の「慈悲」の上に立てたのである。そうすることによって彼は、外来思想に対する日本的心情と日本的思想の優位を確立したのであった。

田村芳朗氏は前掲の『日本仏教史入門』において、正直・清浄を本地とした兼倶の「唯一神道」を評して、「日本思想がはじめて理論構成されたものとして、注目に値する」と述べているが、まさしくその通りである。「反本地垂迹説」の吉田神道の成立をもって、日本古来の神祇信仰が仏教に対する思想的優位を獲得しただけではない。日本古来の神祇信仰はこれによって、まさに「神道」として確立したのである。

「脱中華」と「脱仏教」の到着点は「日本への回帰」だった

以上のように、この章を通してわれわれはまず、平安時代から鎌倉時代までの日本仏教の歴史を概観した。空海と最澄から始まった仏教の大衆化と簡素化は平安・鎌倉という二つの時代を通して日本仏教の決定的な流れとなって、インド仏教とも中国仏教とも異なった日本仏教の特質を作り上げていった。「自然万物のなかに霊的な力が宿る」と考える日本古来のアニミズム的信仰が仏教に浸透した結果、「草木国土悉皆成仏」という日本独特の仏教思想を生み出して、仏教というものを見事に、日本的仏教、あるいは「神道的仏教」へと変えていったのである。

飛鳥時代や奈良時代において、日本人が中華文明に対抗して、それに呑み込まれないように、世界宗教の仏教を全面的に取り入れてアジアきっての仏教国家になろうとしたことは、本書の第一章で記述した通りである。そして、その次の時代、すなわち平安、鎌倉時代になると、同じ日本人が今度は、自ら固有の思想と信仰をもって仏教そのものを改造し、それを日本の心と考えが息づく「日本的仏教」に変えていった。

このような宗教運動あるいは思想運動は、飛鳥時代と奈良時代の「脱中華」に続いて、日本の心と日本思想の、インド仏教・中国仏教からの「脱出」を意味するものであった。

その一方、仏教の伝来と日本の仏教国家化に伴って、いっとき埋没していた日本古来の神祇信仰も、別の意味においての「脱仏教」の道を歩んでいた。仏教が日本で急速に広がった当初、生き残りのために仏法の信奉者・守護者の立場に身を落とした日本の神祇信仰はその後、「本地垂迹」という日本独特の思想を持ち出して仏教との融合を図りながら神としての自らの復権を成し遂げた。やがてさらに、吉田神道の出現をもって仏教との従属関係を逆転させ、それこそ「日本の神道」として自らの地位を確立していく。

こうしてみると、平安時代から室町時代を通しての日本仏教の歩み、そして日本古来の神祇信仰の歩みは、まさに日本の思想と日本的信仰の「脱仏教」の歩みであるとも解することができよう。前者のたどり着いたところがすなわち、日本古来のアニミズムを源とした「草木国土悉皆成仏」の思想であり、後者のたどり着いた場所がすなわち、日本神道の思想的確立であった。

結論的に言えば要するに、飛鳥時代・奈良時代の仏教導入による「脱中華」と、平安時代から室町時代の「脱仏教」という、約八百年間にわたって展開されていた二つの思想運動の最終的到着点は、まさに日本的な心と日本的思想への回帰であり、そして日本的信仰の確立だったのである。

第三章　江戸儒学の台頭と展開——朱子学との戦いの軌跡

政治権力にとって脅威となった仏教の民衆化

前章においてわれわれは、平安時代とそれに続く鎌倉時代に、日本の仏教が大衆化と簡素化への道を歩み、優れて民衆のための民衆の仏教となっていった歴史の経緯をつぶさに見てきた。

日本仏教のこのような流れは当然、次の室町時代においてもそのまま継続していた。そして室町時代からのちの戦国時代にかけて、特に応仁の乱以降の室町幕府の衰退と権威喪失にしたがって、民衆化された日本の仏教は徐々に、民衆を団結させて世俗の権力と対峙するほどの政治勢力を擁することになっていった。

その典型例の一つが、北陸における「加賀一向一揆《いっこういっき》」勢力の台頭である。

蓮如《れんにょ》が越前の国の吉崎（現福井県あわら市）に下向して、真宗（すなわち一向宗）の布教を始めたのは応仁の乱の最中の一四七一年のことであるが、それから数年の間に、分散した多くの浄土系門流を吸収して、北陸を席巻する一大教団に成長した。一四七四年に一部の守護勢力と連携して惣国一揆《そうこくいっき》を起こして以来、宗教力によって団結した一向衆徒は世俗の政治権力を次から次へと倒していった。

そして一四八八年には、北陸で最大の勢力を持つ守護の富樫政親を滅ぼし、一向宗の勢力はこの地域を完全に支配するようになった。彼らは真宗門徒と農民による合議制の政治を行ない、一向宗を基軸とする「宗教国家」の建設に成功した。

この「宗教国家」が北陸地域を支配した約百年間、真宗の門徒たちは武器を取って本格的な戦闘集団をなし、周辺の戦国大名である朝倉勢や上杉勢、織田勢などの世俗の政治権力と戦いつづけた。民衆化した日本の仏教は、宗教の領域を超えて見事な政治勢力・軍事勢力と化していったのである。

そのときから戦国時代の終焉まで、戦国大名を中心とした世俗の政治権力はずっと、このような宗教勢力との戦いに頭を悩まされ、彼らの存在に脅かされていた。織田信長は北陸の加賀一向一揆との壮絶な戦いを余儀なくされる一方、同じ一向宗の石山本願寺（大坂）との攻防にもずいぶん骨を折った。織田信長に続いて、豊臣秀吉も紀伊国の雑賀《さいか》で起きた一向一揆との戦争に手を焼いた。

戦国時代に最後の終止符を打った徳川家康の場合、膝下で起きた三河一向一揆との戦いは、三方ヶ原の戦い、伊賀越えと並んで「家康の三大危機」と称されるほど、彼の武将生涯におけるもっとも熾烈な戦いの一つであった。

この戦いにおいて家康の心胆を特に寒からしめたのは、鉄の結束を誇ってきた三河軍団の家臣の半数が主君の彼から離反して一向宗側に寝返ったことだ。今までは忠犬のように自分に忠誠を尽くしてきた子飼いの家臣たちが、すべてを捨てて一向一揆に走ったというこの前代未聞の光景は、家康に宗教勢力の恐ろしさを教えた。

寺請制度（檀家制度）による仏教の飼い馴らし

こうなると、信長から秀吉、そして家康に至るまで、天下統一を成し遂げて秩序の再建を図ろうとする戦国大名たちにとって、一向一揆のような宗教勢力にどう対処するかが当然、大きな政治的課題の一つとなってくる。

武装した一揆勢力を軍事的に敗滅させることができたとしても、民衆化した宗教勢力を根こそぎにすることはできるわけもない。しかし、それをそのまま放置していれば、政治権力を中心とした秩序の再建は不可能である。

したがって天下統一を図ろうとした彼ら戦国武将には、より戦略的で、より高度な「仏教対策」が求められた。その際、仏教勢力の背後にあってそれを支えているのは「信仰と心の世界」であるから、仏教への有効なる対抗策もやはり、信仰や心の世界のレベルで講じられなければならない。

そこで、信長から家康に至って、天下統一を志した戦国武将がとった「仏教対策」の一つが、自分自身を信仰対象の「神」に仕立てることによって、仏教の信仰と対抗することであった。

信長は安土城の摠見寺《そうけんじ》に「ボンサン（盆山）」と呼ばれる石を置いて自らの「御神体」と定め、人々に崇拝を命じた。秀吉も死後、自らが「神」となって豊国大明神として祀られることとなった。そして家康の場合、死後は東照大権現となって日光の地に鎮座した。

以上の三人のうち、信長の「ご神体」はどういう系統の神なのか不明であるが、秀吉と家康の両方が、日本神道の手続きに従って神道の神となった点は興味深い。

前章でわれわれは、仏教が日本に伝来して広がってからの長い間、日本古来の神祇信仰が多くの苦難を乗り越えてやがて「神道」として確立するに至るまでの歴史を見たが、秀吉と家康が仏教勢力と対抗するために自ら「神」となったことからも、その時代の日本において神道は、すでに仏教と覇権を争うほどの宗教として成長したことが窺える。奈良時代の「鎮護国家」の仏教に取って代わって、「日本の神々」は鎮護国家と秩序維持の役割を引き受けていたのである。

これは、肥大化してきた仏教勢力に対し、信長や秀吉や家康ら天下人となった戦国大名のとった対抗策の一つであるが、信長や秀吉の支配期間は短かったため、より本格的、より包括的な「仏教対策」を完成したのは、天下泰平の時代を築き上げた徳川家康の役回りとなった。

家康が天下統一を果たしたあと、推し進めたもう一つの仏教対策は、全国に「寺請制度（檀家《だんか》制度）」を整えることであった。

寺請制度とは、禁制宗派であるキリシタンや日蓮宗不受不施派などの信徒でないことを証明するために、個々人を檀那寺《だんなでら》に檀家として登録させた制度のことである。住居移転や結婚、旅行などの折には、檀那寺から発行される寺請証文が必要とされたから、檀那寺が戸籍を管理し住民票を発行する役所のような役割を果たすこととなった。国民の大半が檀那寺に檀家として登録されることになったので、寺院は檀家からの収入で経営的にも安定することになった。これによって徳川幕府は、仏教と仏教寺院を体制と秩序のなかに取り込み、自らの支配体制を支える柱の一つにしたのである。

寺請制度の下では、江戸時代の仏教と寺院は、民衆の「戸籍管理機構」として体制を補完する政治的役割を担うと同時に、いわゆる「葬式仏教」として、その社会的役割を果たしていく。その結果、仏教は国家体制と政治権力にとって、無害にして有益なものとなっていった。鎌倉時代から戦国時代にかけて、あれほどの動員力と政治力を持った一大勢力の仏教がようやく、政治権力によって馴らされたのである。

思想史的に言えば、まさにこのプロセスにおいて、日本の仏教は思想としての創造力と影響力を失うこととなった。

日本仏教が思想としての厚みと創造力をなくした端緒は、平安時代から進んだ仏教の大衆化と簡素化であろう。一般大衆を救済するために仏教から形式や修行の手続きが省かれていったが、それが「念仏」や「題目」にまで簡素化されてからは、仏教にとっての「思想」は、もはや無用の長物となった。無学の大衆が念仏の一つを唱えただけで成仏できるような世界では、「思想」なるものに一体何の意味があるだろうか。

だから室町時代に入ってからは、日本仏教の世界から「思想」あるいは「思想家」が生まれてくるようなことは減少していった。大衆化と簡素化がたどり着いたところはすなわち、仏教の「無思想化」であった。

そして江戸時代になり、寺院が「戸籍管理機構」として体制のなかに取り込まれるようになると、日本の仏教はなおさら、思想としての創造力を失った。体制の一部となった仏教は、檀家の戸籍管理や葬式仏教としての役割さえ果たしていれば、政治的にも経済的にも安定してやっていける。そこからダイナミックな思想が生まれてこないのは、自明のことだろう。

こうなると、江戸時代以降、日本の仏教が思想史の主役の座から降りるのは、むしろ自然の成り行きだったといえる。

「蔵入り」から掘り出された儒教——林羅山

しかし、日本の江戸時代のように文明が高度に発達した社会から、「思想」が生まれてこないはずはない。どの時代でも、その時代を代表するような思想は必ず存在する。仏教が思想史の主役の地位から降りてしまえば、必ずや何らかの思想がそれに取って代わって主役となっていく。

そして実際、仏教に取って代わって、江戸初期から思想史の主役の座を占めることになった思想があった。それがすなわち、飛鳥時代以来の長い歴史のなかで、ほとんど無用の長物として「蔵入り」にされていた中国伝来の儒教である。

前述のように、天下取りの戦いにおいて仏教勢力にずいぶん苦しめられた家康は、天下統一を果たしてから、寺請制度を整えることによって仏教勢力を体制のなかに取り込み、自らが死後に神となるなど、さまざまな仏教対策を講じていた。さらに彼は、より根本的な対策として、「儒教」を仏教と対抗するためのイデオロギーとして利用していく。

それまでの長い日本史において、儒教は思想史に登場してくることもなければ政治の表舞台で脚光を浴びることもなく、まったく不本意で惨めな境遇にあった。平安時代までは儒教は一応、朝廷の官僚養成機関において必修科目として一定の地位を維持していたが、鎌倉時代とそれに続く室町時代、政治権力が武士階層の手に移されてからは、世俗の世界に儒教の居場所はほとんどなくなった。その間、儒教は禅僧たちの教養と余興の一つとして禅寺のなかで学ばれるのが普通であった。儒教はこうして、仏教の世界に身を寄せることによって、かろうじて生き延びていた。

だが、江戸時代の初期、家康が、儒教を禅寺から掘り出して、政治の世界に登場させたのである。儒学者・林羅山の起用は、その始まりである。

林羅山はもともと京都の建仁寺で禅宗を修行していたが、のちに相国寺の禅僧であった藤原惺窩《せいか》について儒学を学び、儒学者へと転身した。江戸幕府開府二年後の慶応十年（一六〇五年）、林羅山は師の藤原惺窩の推薦によって家康に仕えることとなり、一民間儒学者からいきなり、幕府政治の中枢に身を置くこととなった。

家康の下で林羅山は主にブレーンと秘書役として法令の制定、外交文章の起草、典礼の調査・整備などに携わっていたが、一介の儒学者がまさに儒学者として日本の政治の中心部で活躍できたのは、史上初めてのことであった。

そして家康の死後、林羅山は、続く三代の将軍、秀忠・家光・家綱の侍講を務めた。将軍家光の時代、林羅山は実質上将軍の政治顧問の地位につき、幕府体制の要となる「武家諸法度」の制定にも関わった。その一方、家光から土地を下賜され、のちの湯島聖堂の前身である先聖堂や私塾を建て、それを幕府の儒教教学の本拠地にしたのである。

幕府の「官学」としての地位を確立した朱子学

林羅山の活躍によって、儒学は江戸幕府の「官学」としての基盤を築くことができたが、学問好きの五代将軍綱吉の時代になると、儒学はよりいっそう脚光を浴びることとなる。

綱吉は幼少から儒学を愛好し、その精神を政治に反映させるべく、幕臣に自ら儒学の講義を行なった。全国に忠孝奨励の高札を立て、孝子表彰の制度を設けた。彼の治世で改定された武家諸法度（天和《てんな》令）は、儒教の中心的徳目である忠孝・礼儀をことさらに強調するものとなった。

綱吉はまた、林羅山が創設した先聖堂を湯島に移して「湯島聖堂」と学問所をつくり、羅山の孫である林信篤《のぶあつ》を学問所の大学頭《だいがくのかみ》、すなわち幕府の最高教育官に任命した。

こうしてみると、将軍綱吉の時代から始まった「文治政治」は、まさに儒教を中心に据えた文治政治であることがよくわかる。綱吉の文治政治の展開により、儒教・儒学は幕府の中心的なイデオロギーの地位を手に入れた。

そして江戸中期の寛政年間、老中の松平定信の主導下で幕府は「寛政異学の禁」を発布する。それは、湯島聖堂を官学昌平黌《しょうへいこう》（昌平坂学問所）と改めたうえで、そこで儒教の朱子学以外の学問の講義と研究を禁じるものであった。ここに至って、儒学（朱子学）は幕府の官学としての地位を正式に確立することになる。

以上、儒学が江戸幕府の官学として確立するに至った経緯を見てきたが、このプロセスにおいて、政治権力の力を借りて台頭してきた儒学は当然、時代の脚光を浴びて人々の注目を集め、政治の世界と民間の両方において徐々に広がっていった。そのなかで、将軍家宣・家継の代に新井白石が幕政に関わり、将軍吉宗の治世には室鳩巣《むろきゅうそう》が享保の改革に参画するなど、儒学者による政治参画のケースが出る一方、民間においては、まったく無位無官の立場から学問の研究に励んだ山崎闇斎《あんさい》や伊藤仁斎のような儒学者・思想家が輩出して、江戸儒学を盛り上げた。

こうして、仏教が大衆化と簡素化の流れにおいて思想的創造力を失っていくなかで、江戸時代になってからは、幕府による推奨政策の結果、「蔵入り」から掘り出された儒教が台頭し、仏教に取って代わってこの時代の思想とイデオロギーの主役の座を占めることとなった。

これこそ、近世（すなわち江戸時代）に入ってから起きた、日本思想史上の最大の変化であった。

中国や朝鮮と比べ、日本の朱子学浸透は限定的だった

ここで一つ指摘しておくべきは、江戸時代に入って儒教が幕府の推奨によって官学の地位を手に入れたとしても、日本社会全体における儒教思想（とりわけ朱子学）の浸透は、中国や朝鮮と比べればあくまでも限定的なものであった、という点である。

たとえば幕府による儒学推奨策の一つに、儒学伝授の本拠地とされる学問所（湯島聖堂）の開設があるが、江戸中期の寛政年間まで、この学問所はずっと林羅山の子孫たちが司る林

家の「私塾」の位置づけであって、厳密な「官学」ではなかった。それが幕府直営の「官学」となったのは、幕藩体制が始まって約百九十年後の「寛政異学の禁」のときである。

この「寛政異学の禁」にしても、朱子学以外の学問の講義が禁じられたのはせいぜい幕府直営の学問所に限定されたものであった。幕府の膝元の江戸においてでさえ、「異学の禁」は民間にまったく及んでいない。ましてや江戸から離れた日本各地では「異学の禁」など、まさにどこ吹く風だった。

実際、江戸から遠い松坂の地にあった後出の国学者・本居宣長《もとおりのりなが》は、「異学の禁」が出されたのと同じ寛政二年（一七九〇年）から刊行の始まった『古事記伝』（巻一）において、「（儒教の）いはゆる聖人も、ただ賊の為《なし》とげたる者にぞ有ける」（「直毘霊《なおびのみたま》」）と言い放つなど、儒教を痛罵して憚《はばか》らなかった。

こうしてみると、江戸時代、儒教あるいは儒学は幕府の政治権力によって官学の地位に祭り上げられたものの、日本社会全体、あるいは日本人の精神への浸透はあくまでも限定的なものであったことがよくわかる。

その理由の一つはおそらく、幕府が儒学を官学に仕立てたとしても、それはあくまでも武家社会に限ったことであり、町人社会とはあまり関係がないものだったことに求められるだろう。江戸時代においては、江戸や大坂などの大商業都市にしても各藩の城下町にしても、武家以外の町人社会の統治は基本的に町人による自治管理が原則であったから、町人たちは幕府からの政治的支配をある程度受けているものの、幕府の思想統制までを受ける立場ではなかった。儒学を思想として受け入れるのも受け入れないのも、彼ら町人の自由だった。

しかも江戸時代の日本に、中国と朝鮮の科挙制度が存在しなかったことは大きかった。中国と朝鮮の場合、知識人の目指すべき科挙試験はまさに儒学を中心にできているから、どの階層の出自であろうとエリートになろうとする若者たちは、まず儒学を勉強してその信奉者となる以外にない。しかし日本の場合、町人たちはもとより、武士階層の人々もそもそも「科挙」とは無関係だったから、儒学に対する態度はより自由であった。

結局、江戸時代を通して、儒教が政治権力の推奨によって政治の上層構造において官学としての地位を占めるようになったものの、政治権力とは一定の距離のある下層社会においては、それが支配的イデオロギーとして広く浸透するようなことはなかった。町人社会や農村社会において、人々の生活に密接していたのは儒教よりも依然として「葬式宗教」としての仏教であった。

実際、江戸時代に活躍した代表的な儒学者たちも、彼らが死後に安息する墓地はほとんど、どこかのお寺にあった。生涯を儒学の研究に捧げた彼らにとっても、学問は儒学ではあるが、「心の帰依するところ」はやはり仏教以外になかったのである。日本人にとっての儒学は結局、「この程度」のものだった。

史上初めての儒学の思想体系を作り上げた朱熹

上記のように、江戸時代、儒学は幕府によって官学に祭り上げられていたが、日本社会全体と日本人の精神に深く浸透するような支配的なイデオロギーには決してなっていなかった。その理由として、江戸時代における町人社会の自律性と科挙制度がなかったことの二つを挙げたが、実はもう一つ理由がある。それは、幕府によって推奨された儒学が、特別な性格を持つ儒学だったことだ。

ここでいう「特別な性格」とは要するに、幕府の手によって官学に祭り上げられた儒学が実は、後世の変種である朱子学だったことだ。あとで解説するように、この変種としての朱子学は、儒学のなかでもっとも硬直したイデオロギー性を持ち、もっとも激しい原理主義的色彩を持つ学問だった。

それでは、この儒教原理主義としての朱子学は何ものか。その生い立ちと基本的理念、主張を見てみよう。

朱子学は新儒学とも呼ばれて、中国南宋時代の思想家である朱熹《しゅき》によって集大成された思想体系である。儒学、あるいは儒教が中国で誕生したのは紀元前五世紀の春秋時代、孔子という「先聖」の手によってであるが、それが政治権力によって国家的イデオロギーに祭り上げられたのは、誕生してから数百年後の前漢王朝の最盛期、漢の武帝（在位前一四一～前八七年）の治世であった。そしてそれからさらに七百年以上が経ち、西暦五八一年に成立した隋王朝の時代に科挙制度が創設され、儒学の経典が科挙試験の必須項目に定められた。まさにそのときから、儒教は中国の支配的イデオロギーとしての地位を不動のものにした。

しかし面白いことに、創始者の孔子が生きた春秋時代から科挙制度創設の隋王朝時代までの約千年間、儒学は学問的に大きな進化を遂げることはほとんどなく、思想としての理論体系が整えられることもなかった。「聖人」孔子の談話集である『論語』、孔子によって編纂されたとされる歴史書の『春秋』、そして孔子と並ぶ「亜聖」孟子の談話集である『孟子』など、儒学が誕生した当時からの経典は、隋の時代になってからもそのままの形で経典として読まれていた。

しかも、『論語』にしても『孟子』にしても、その内容は要するに孔子や孟子がさまざまな場面においてさまざまな事柄について発した感想やコメントの羅列であって、理論化された思想体系には程遠いものである。

言ってみれば、歴史上の中国人は千年以上にわたって儒教を「聖教」として有り難く奉じていながら、その宗教としての、あるいは思想としての体系化にはまったく無関心、無頓着のままであった。

このような儒学の無体系な状態は隋王朝以降も変わらず、なんと、一一二七年に成立した南宋王朝の時代まで続いた。この南宋時代に、やっと朱熹という不世出の大思想家が現れて、何人かの先輩学者の学問を継承した形で、史上初めての儒学の思想体系を作り上げたのだった。それがすなわち、新儒学としての朱子学である。

「理気説」と「八条目」——朱子学の基本理念

朱子学の基本理論は一言でいえば、要するに「理気説」というものである。

ここでの「理」は「天理」とも呼ばれて、森羅万象を貫く基本原理であり、自然万物の存在する根拠であり、物事の基準となる絶対的真理である。人間世界を含めた森羅万象の背後にはすべてこの基本原理としての「理」があって、「理」があるからこそ自然万物が存在することになる。

その一方、自然万物を形成するのには材料としての原資が必要とされる。それが、すなわち「気」である。

つまり朱子学からすれば、万物はすべて「理」と「気」の結合によって出来上がるものであり、万物の一つ一つに「理」と「気」という二つの構成要素がある。

人間も当然、「理」と「気」の結合から形成されている。その際、人間のなかにある「理」、すなわち人間の心に宿っている「天理」こそが、人間にとっての理性であり真理である。人間に不可欠な道徳倫理の根拠であり、人間の踏むべき正しい「道」である。そして人間は皆、心のなかにこの「理」を持っているから、人間は誰でも、正しい理性と道徳観を持って正しい道を踏むことができるという。

しかし一方、残念ながら人間のなかに「気」という構成要素もある。「気」が人間のなかに宿っていると、そこから生まれてくるのはすなわち食欲や性欲などの肉体的な欲望と、それに基づく名誉欲や金銭欲や権力欲などのさまざまな欲求である。もちろん、理性の対極にある人間の感情もこの「気」から生まれると考えられる。

そして、「気」から生まれた人間の欲望と欲求、そしてさまざまな感情はすべて、「天理」

に対する抵抗となって、人間が正しい理性と道徳観を持って正しい道を踏むことへの邪魔となるのである。つまり、「理」だけ持っているなら、人間は誰でも正しい理性と道徳観を持って正しい道を踏むことができるはずであるが、残念ながら「気」が邪魔してくるから、現実の人間はそうは行かない。一部の「聖人」を除いた普通の人間たちは、せっかくの「理」を心のなかに持ちながらも、「気」から生まれた欲望・欲求に導かれて私利私欲に走る。それで人々は愚昧の大衆となってしまい、あるいは人間の道から外れて悪事を働いたりする。その結果、国が乱れて天下が不安定になるのである。

それではどうすべきか。朱子学の出した答えは簡単明瞭だった。「存天理、滅人欲」というスローガンがそれである。つまり、人間はそれぞれ、自分の心のなかに宿る「天理」に目覚めて、その保存と拡大を目指す一方、「天理」の邪魔となる自らの欲望や欲求をできるだけ切り捨てて行けば、誰もが完璧な聖人君子となれる。そしてその結果、社会は善の満ちた良い社会となって、天下国家は平和と安泰を保つことができるのである。

それこそが朱子学の目指す理想社会の姿である。そして、この理想社会実現のために、朱子学は「存天理、滅人欲」のための段階的実践法を開発した。

段階の第一はまず「格物致知」である。人間が自らの心に宿る「理」に目覚めようとするなら、まずは外部の物事を研究し（格物）、物事のなかにある「理」を理解（致知）しなければならない。「格物」を通して物の理、すなわち「天理」を把握したのち、今度は自分の内面に目を向け、さまざまな工夫で自分の心を鍛えたり高めたりして「理」に目覚めていく。

その具体的な方法がすなわち「誠意」（意を誠にし）、「正心」（心を正し）、「修身」（身を修める）である。この三つの方法をもって心の修行を徹底的に行なえば、人間は自らの欲望・欲求を撃退して正しい「理」に目覚め、正しい道を踏むことができるのである。

こうしたうえで、人間が次にやるべきこと、特にエリートの立場にある人間が次にやるべきことが、すなわち「斉家、治国、平天下」である。自らの目覚めた正しい「理」に基づいて、家を整えて、国をきちんと治め、天下を安泰と平和へと導くのである。

以上の、「格物致知」から「治国平天下」までの段階的実践法が、朱子学の提唱する「格物、致知、誠意、正心、修身、斉家、治国、平天下」の「八条目」である。朱子学とは要するに、「理気説」という宇宙論・人間論に基づいて、「八条目」の実践法をもって理想的な「人間づくり」と「社会づくり」を目指す、一種の実践哲学なのである。

空想を振りかざして人間性を窒息させる峻烈な原理主義

以上が、朱子学の基本理念を簡潔にまとめたものであるが、ここまで読んできて、おそらく多くの読者がすでに気づいたように、理想社会の建設を目指す朱子学の最大の問題点は、やはり、そのあまりにも峻烈な原理主義的傾向である。自らの設定した「天理」というものを絶対化したうえで、「天理」の反対側にある人間の欲望と欲求を完全に敵視してそれを殺していく朱子学の考えは、まさに人間性否定の原理主義そのものである。

朱子学はまず、「天理」を絶対的な「善玉」とし、「人欲」を絶対的な「悪玉」とする両極端の「理気説」を打ち出す。そしてこのような原理主義的言説に基づいて、「存天理、滅人欲」という戦慄すべきスローガンを持ち出し、それを実行していくための「八条目」の実践法を提示してみせる。この「八条目」の実践をもって、理想的社会の建設を目指すというのである。

しかし、朱子学の目指したこの理想社会においては、「治国平天下」という政治的目標の達成のために、個人個人のさまざまな欲望と欲求も、そして、それと連結するさまざまな人間感情、すなわちわれわれが「人間性」と呼ぶいっさいのものが、まさに「滅人欲」の対象として殺されていかなければならないことになる。

この朱子学の考え方が、中世のキリスト教世界の禁欲主義よりもさらに峻烈な、極端な思想であるのはいうまでもない。おそらく儒学の創始者の孔子でさえ、これほど極端な思想理論に接したら、怖くて逃げ出すであろう。

このような極端な原理主義と並んで、朱子学にはもう一つ大きな特徴がある。それは、八条目のうちの「格物、致知、誠意、正心、修身」という個人レベルの心の修行や人格の陶冶を、そのまま「斉家、治国、平天下」という社会学的・政治学的課題の解決と一直線に結びつけてしまう点である。つまり朱子学からすれば、個人個人がきちんと「格物、致知、誠意、正心、修身」を行なって、自らの欲望を殺して精神を高めることができれば、家がおのずと整い、国がおのずと治まって、天下もおのずと安泰で平和になるのである。

しかしこのような考えは、単なる一種の理論的妄想にすぎないであろう。どこの社会でも、個人一人ひとりが己の欲望を殺して「聖人君子」になるようなことは現実的にまず不可能であるし、それができたとしても、国がおのずと治まって、天下がおのずと安定と平和を保つ保証はどこにもないのである。

結局、朱子学というのは要するに、空想の「天理」を振りかざして、実現不可能な「治国平天下」のために人々の人間性を殺し、窒息するような厳格な管理社会をつくっていくことを本領とする、峻烈な原理主義思想なのである。だが、たいへん不幸なことに、南宋時代に誕生した朱子学は、徐々に勢力を拡大して中国の思想の世界を席巻していった。一三六八年に成立した明王朝の時代には、朱子学が孔子以来の伝統的儒教に取って代わって、中国の支配的イデオロギーとなったのである。

そして朱子学は、さらに国境を越えて東アジアの世界でも猛威を振るうようになった。明王朝より二十数年遅れて朝鮮半島で成立した李朝は「崇儒廃仏」を断行して、儒学、とりわけ朱子学を国家の最高理念に定めた。それ以来、朝鮮は本場の中国より徹底した朱子学支配の国となってしまった。

中国本土から、あるいは朝鮮を経由して、朱子学が日本に伝来したのは、室町時代の後期である。前述のように、戦国時代の乱世を終わらせて天下統一を果たした家康は、儒学を幕府の政治理念として取り入れたのだが、朱子学が東アジアの世界で圧倒的な支配権を握っていた当時の状況下では、幕府の導入した儒学はもはや飛鳥時代に日本に伝来したような伝統的儒学ではありえなかった。それは当然、時代のトレンドとなっていた新儒学、すなわち朱子学だったのである。

家康に起用された儒学者の林羅山も、その師の藤原惺窩も実は朱子学者である。林羅山は藤原惺窩から朱子学を学び、それを正統な儒教理論として幕府に持ち込んだ。そして羅山自身が家康から家綱までの四代の将軍の侍講を務めたことから、朱子学が幕府のなかでは公式の儒学としてしっかりと定着していった。

林羅山のあとには、彼の流れをくむ朱子学者の木下順庵が五代将軍の綱吉に仕え、同じ朱子学者の新井白石が六代将軍家宣、七代将軍家継の政治顧問を務め、同じく朱子学者の室鳩巣が八代将軍吉宗に仕えた。このような流れのなかで朱子学は当然のごとく幕府の支配的イデオロギーとしての地位を高めていき、やがて寛政年間の「寛政異学の禁」で幕府における唯一無二の官学としての地位を確立していくのである。

この流れのなかで、民間の思想界においても朱子学が一気に圧倒的な勢力を持つこととなった。江戸前期、在野の朱子学者である山崎闇斎は全国的な名声と影響力を持つようになって門下生六千人を擁するような勢力を作り上げたが、その一例からも、朱子学の隆盛が窺える。そして荻生徂徠《おぎゅうそらい》や伊藤仁斎、山鹿素行《やまがそこう》など、江戸時代前期を代表するような思想家はことごとく、朱子学を学ぶことから学問をスタートし、その学者生涯の初期段階ではほとんど例外なく、朱子学の信奉者だったのである。

朱子学ほど日本の精神的伝統に沿わぬものはない

このようにして、少なくとも江戸時代の前期には、官民の両方において日本の学問と思想を独り占めにして一世を風靡した朱子学だが、よく考えてみれば、人間性抑制の原理主義思想としての朱子学ほど、日本の風土と思想的伝統に沿わないものはないであろう。

本書の第二章で、日本の精神と思想の底流にあるのは、自然万物のすべてに霊力と神が宿るという日本伝来の原始信仰であることを論じた。このような原始信仰が今でも日本の神道の基本理念であることは言うまでもないが、鎌倉時代から仏教が大衆化していくなかで、それが「草木国土悉皆成仏」の思想となって、仏教を「日本的仏教」に変えていった。

「草木国土悉皆成仏」の日本的仏教思想においては、人間は誰でもそのままで成仏できると考えられていたが、それこそが実に重要なポイントだ。「そのままで成仏できる」とは要するに、人間は生まれたままの欲望や欲求や感情を持って、つまりそのままの人間性を持って成仏して極楽への往生ができる、という考えである。このような考えにおいては、人間はもはや、不必要なまでに自らの欲望を抑制して自らの人間性を殺す必要は何もない。親鸞流にいえば、欲望まみれの悪人でさえ成仏できるのだから、人間は欲望さえも肯定しつつ生きていれば、それでよいのである。

日本の原始信仰から生まれた、このような徹底した人間肯定、人間性肯定の日本的仏教思想は明らかに、朱子学の禁欲的原理主義とは正反対のものであり、その対極にあるものであろう。何らかの「天理」のために、自らの「人欲」を殺し、自らの人間性を抑制していくような考えは、日本の伝統と日本的仏教とはまったく無縁なものと言ってよい。そして善悪を峻別して「悪」と認定したものを徹底的に切り捨てていくような発想は最初から、日本人伝統の感性や心情にも合わないものであろう。

こうしてみると、朱子学の峻烈な原理主義は、人間性肯定の日本的思想伝統とはまったくそりの合わないものであることがよくわかるが、それでも江戸時代の前期、朱子学が日本の思想界で一世を風靡したことにはおそらく、三つの理由があったのであろう。

理由の一つは、幕府の推奨である。時の政治権力が朱子学を官学の地位に祭り上げたことこそ、極端な原理主義としての朱子学が日本で大きな影響力を持った最大の原因であろう。

理由のもう一つは、武士層の朱子学に対する傾倒であるが、詳細は終章で後述する。

そして三番目の理由はやはり、伝統的な儒学とは違って、朱子学が前述のように緻密で壮大なる思想体系を作り上げたことにあるのであろう。飛鳥時代の日本人が仏教に心酔したことからも、また、戦後日本の知識人が一斉にマルクス主義に靡《なび》いたことからもわかるように、思想体系をつくるのが苦手な日本人は、きちんとした理論体系を持つ外来思想に弱い。

だから、幕府が朱子学を推奨してそれを広げると、宇宙論から人間論、認識論から実践論までを一つの明確な原理で貫いた朱子学の完璧にして壮大な理論体系を前に、多くの日本人は驚嘆して圧倒されて、あっという間にその虜となってしまったのであろう。思想体系としての朱子学には、それほどの魅力があるのである。

しかし後世のマルクス主義と同様、理論体系が完璧であるが故に、そしてそれが完璧であればあるほど、実践哲学としての朱子学は反人間主義的で過酷なものとなるのである。「存天理、滅人欲」の朱子学の思想がそのまま日本で蔓延して人々の生活を支配するようなことになれば、江戸時代の日本社会も、明王朝支配下の中国や、李朝支配下の朝鮮のような、殺伐として精神と文化の貧弱な世界になってしまったことだろう。

だが、幸い、当時の日本はそうはならなかった。思想史的に見れば日本人はむしろ、朱子学が日本で広がったその当初から、朱子学の壮大なる思想体系に魅了されながらも、その原理主義的過酷さに疑問を感じ、反発を覚え、そしてやがて、朱子学に対する思想的反乱を起こすことになる。日本人の朱子学に対する思想的反乱の旗手となったのは、江戸時代を代表する儒学者で大思想家の二人、伊藤仁斎と荻生徂徠である。

朱子学に叛旗を翻した在野の思想家――伊藤仁斎

朱子学への反乱の狼煙《のろし》を最初に上げたのは、京都に住む在野の思想家、伊藤仁斎である。ここではまず、儒学者・思想家としての伊藤仁斎の経歴と事績を見てみよう。

仁斎は一六二七年（寛永四年）に京都に生まれた。伊藤家は商いで財を成した京都の上層町衆で、親類には豪商の角倉了以《すみのくらりょうい》や高名な連歌師の里村紹巴《さとむらじょうは》、そして江戸時代を代表する文化人・芸術家の本阿弥光悦《ほんあみこうえつ》や尾形光琳《こうりん》などがいた。このような家庭環境のなかで育った仁斎は、若い頃から高い教養を身につけ、医者になれという家族の願いに反して儒学者を志した。

儒学者への道を歩む仁斎は、長年の独学と思索を重ねてから、やがて自らの学問を立てて「古義学派」の創始者となり、京都の堀川に私塾の「古義堂」を開いた。彼の開いた学派はこれが由来で「堀川学派」とも呼ばれて、門弟三千人に及ぶ隆盛を誇った。

前述のように、儒学者としての仁斎の出発点は朱子学であった。十一歳のときに仁斎は、朱子学が重視した経典の一つで前述の「八条目」を盛り込んだ『大学』を読んで大いに感激した。それ以来、朱子学を自らの学問として学び、自らの信条として信奉してきた。

二十代前半、仁斎は「八条目」の定めた項目と順序に従って心の修行に励んだ。およそ七、八年間、仁斎は親族を含めた周りの人々との関わりを断ち、ほとんど自閉的状態のなかで「格物、致知、誠意、正心、修身」の世界に没頭した。しかし、そこから得たものは何もなかった。ただ、自らの精神状態をノイローゼに追い込んだだけであった。

このような極端な苦悶のなかで、仁斎はやっと重要なことに気づく。朱子学は孔子の開いた儒学の伝統を受け継いで「八条目」の世界を作り上げたとよく言われるが、しかし先聖の孔子の残した『論語』や孔子と並ぶ亜聖・孟子の『孟子』など、儒教の最初の経典を上から読んでも下から読んでも、朱子のいう「格物致知」も「誠意、正心、修身」も「斉家」も「治国平天下」も、何一つ書いていないではないか。ましてや孔子や孟子は「存天理、滅人欲」のような過激な言葉を発したことは一度もなく、人間味に溢れるそれらの先聖はただ、人間が豊かな人生を送るためにはどうすればよいのかを淡々と語っているだけではないか——。

つまり、朱子学の唱える峻烈な原理主義とその実践法は、儒教の創始者たちの考えとは全然違うのではないか、と仁斎は気がついたのである。そしてそこから、朱子学に対する彼自身の離反が始まった。

仁斎はまず、『論語』にも『孟子』にも書かれていないことを、朱子学は一体どうやって儒学の基本として唱えることができたのか、という疑問から入った。そこから出た結論は要するに、朱子自身が『論語』や『孟子』などの儒学古典に対して間違った読み方をして、間違った解釈を行なったことから問題が生じてきたのではないか、ということであった。

朱子学の創始者である朱子自身の主著となるのは『四書集注《ししょしっちゅう》』であるが、朱子学のバイブルとも言われる『四書集注』の内容は、結局、『論語』や『孟子』などの儒学古典に対する朱子自身の注釈と解説ばかりである。つまり朱子が『論語』や『孟子』などの儒学古典に対する独自の注釈と解説を通して朱子学という思想体系を作り上げたわけであるが、仁斎から見れば、朱子が行なった独自の注釈と解説においてこそ、儒学古典に対する曲解もしくは歪曲があった。朱子学の峻烈な原理主義思想は、このような恣意的な曲解・歪曲からから生まれたものであった。

したがって、朱子学による儒学古典の曲解や歪曲を一度洗い落として、儒教思想の本来の姿を取り戻すべきだと仁斎は思った。そのために彼が開発した独自の学問の方法が、「古義学」である。要するに、朱子学による古典の注釈や解釈を無視して、『論語』や『孟子』に書かれている古の言葉をその本来の意味において理解し会得することである。

『論語』や『孟子』に書かれている古の言葉を、その本来の意味（すなわち古義）において理解する。そうすることによって、朱子学による曲解をさっぱりきれいに洗い落とし、儒学の原点に戻る。このような学問の作業を通して、仁斎の古義学は、朱子学を完全に否定し、儒学の原点を理解するうえでの邪魔者として切り捨てたのであった。

「愛」を唱えて朱子学を否定し去った仁斎の学問

では、仁斎が取り戻そうとした儒学の原点とは何か。それは、仁斎自身が「最上至極宇宙第一の書」と絶賛する『論語』から、仁斎自身が読み取った「愛」の原理である。

『論語』から読み取ったこの「愛」の原理について、仁斎はその主著の一つである『童子《どうじ》問《もん》』においてこう語る。

「仁の徳為《た》る大なり。然《しかれ》ども一言以て之を蔽ふ。曰く、愛のみ。君臣に在ては之を義と謂ひ、父子には之を親と謂ひ、夫婦には之を別と謂ひ、兄弟には之を叙と謂ひ、朋友には之を信と謂ふ。故に此の五つの者、愛よりして出るときは則ち実たり、愛よりして出でざるときは則偽のみ」（源了圓『徳川思想小史』〈中公新書、一九七三年〉より）

仁斎はここで、「仁」や「義」、あるいは「信」といった儒学の基本概念、あるいは儒教の基本的な徳目を羅列したうえで、その背後にある共通の原理はすなわち「愛のみ」というのである。君臣という政治関係から父子という親族関係まで、夫婦という結合関係から朋友という交遊関係まで、すべての人間関係を支える根幹的なものは人間の心から発する「愛」という感情であると仁斎は考えるのである。愛があるからこそ、君臣が「義」によって結ばれ、父子が親しくなって、朋友は互いに信頼しあうのである。愛がないなら、仁も義も信も、ただの「偽」となるのである。

一つ重要なのは、ここで「愛」というのは、具体的な人間関係から離れたところの抽象概念でもなければ、人間の心に外から君臨するような絶対的な原理でもない、という点である。「愛」とはまさに、君臣や父子や夫婦や朋友といった具体的な人間関係において、生身の人間がその心から発する真情そのものである。

こうして仁斎は、自らの儒学の中心にこの人間の真情としての「愛」を据えることによって、中国儒学の原点となる「仁」や「義」などの概念により深い解釈を与えたのであった。それと同時に仁斎は、儒学の変種としての朱子学を、原理的に完全に否定した。一人ひとりの人間の心から発する真情としての「愛」は、絶対的な原理として外から人間の心を支配しようとする朱子学の「天理」とはまさに正反対のものだからである。「愛」を儒学の中心に据えていれば、人間性と人間感情を殺そうとする朱子学は、頭から拒否せねばならぬものになるのである。

実際、仁斎は著述のいたるところで、朱子学の「理」に痛烈な批判を浴びせている。たとえば仁斎が『童子問』において、「凡《およ》そ事、専《もっ》ぱら理に依りて断決《だんけつ》すれば、則ち残忍刻薄の心勝《まさ》りて、寛裕仁厚《かんゆうじんこう》の心寡《すく》なし」と語ったことはその一例である（引用は、田尻祐一郎『江戸の思想史――人物・方法・連環』〈中公新書、二〇一一年〉より）。仁斎はここではっきりと、朱子学の「理」はまさに「残忍刻薄の心」の生じる根源であると示唆したうえで、「理に依る」ような人は結局「寛裕仁厚の心寡なし」と断言している。「理」というものを振りかざして人間性を殺していく朱子学の峻烈な原理主義に対する痛烈な一撃であろう。

このようにして、朱子学と決別した仁斎は、朱子学が儒学の古典に対する歪曲の上に成り立ったインチキ学問であることを喝破する一方、朱子学の「天理」とは対極にある「愛」の原理を掲げて、人間性否定の朱子学にとどめの一撃を与えた。

幕府の政治力によって官学に祭り上げられてからわずか半世紀後、朱子学は、京都に住む在野の一学者に叛旗を翻され、きっぱりと切り捨てられることになった。考えてみれば、日本の良き伝統が綿々と受け継がれる京都の町人社会の、その自由闊達な気風と文化的豊かさのなかで育った仁斎が、中国流の峻烈な原理主義の朱子学から離反したのは、むしろ自然の成り行きであろう。この「仁斎の造反」によって日本人は、江戸思想史における「脱朱子学」の大いなる一歩を踏み出したのである。

古文辞学から見えてきた儒学の歪曲――荻生徂徠

仁斎のあとを継いで、朱子学への離反と批判から自らの儒学を築き上げた江戸時代の代表的な儒学者の一人が、仁斎より三十九年遅れて生まれた荻生徂徠である。

「あとを継いだ」とはいっても、仁斎と徂徠との間には別に師弟関係があったわけではなく、同時代に生きた二人は顔を合わせたことすらない。しかし後述のように、朱子学に叛旗を翻して日本の新しい儒学を作り上げた点においては、両者の間に明らかに、先行者と後継者との関係がある。

ここではまず、「日本大百科全書(ニッポニカ)」の記述に沿って、荻生徂徠という人物の前半生の経歴と事績を簡単に見てみよう。

徂徠は一六六六年(寛文六年)、館林城主の徳川綱吉(のちの第五代将軍)の侍医である荻生方庵《ほうあん》の次男として江戸に生まれる。十四歳のとき、父が綱吉の怒りに触れて江戸から追放され、一家は母の郷里である上総国長柄《ながら》郡本納《ほんのう》村（現千葉県茂原市）に移った。ここで農村の不自由な生活を体験し、また乏しい書籍を熟読して勉学したことが、徂徠の学問の基礎となった。

二十五歳（一説では二十七歳）の頃、父が赦免されて一家は江戸に帰り、徂徠は芝の増上寺の付近で私塾を開いたが、やがてその学力を認められて、三十一歳の一六九六年（元禄九年）から柳沢吉保に仕え、将軍綱吉にも接近する機会を持つようになった。柳沢家の臣として『晋書』など中国の史書の校注・出版や、綱吉の伝記『憲廟《けんびょう》実録』の編纂などに従事し、その功績により禄高五百石にまで昇進した。この間、一七〇九年（宝永六年）に綱吉が没すると、幕府での権勢を失った主君吉保の配慮により、徂徠は藩士の身分のまま、藩邸を出て江戸市中で自由な学者として活動することを許された。

最初に日本橋茅場町に住んだので、その書斎を蘐園《けんえん》と称し（蘐は萱《かや》の異体字）、徂徠が牛込などに転居したのちも、蘐園を号として用いて、門人たちは蘐園社中と呼ばれた。

徂徠の思想家としての本格的な思索は、まさにこの時代から始まるのであるが、ここまでの徂徠は一貫してバリバリの朱子学者であった。幕府が朱子学を官学として推奨している以上、幕府と深い関係を持った徂徠が朱子学者であることはむしろ当然のことであろう。

しかし綱吉の死後、江戸市中で自由な学者として学問の研鑽に入ってから、徂徠はやがて朱子学に疑問を感じて、そこからの離反を始める。

徂徠が朱子学に疑問を感じたのは、古文辞学という自らの学問の研究においてであった。徂徠は早くから漢文を精密に読むことに努力し、辞書『訳文筌蹄《せんてい》』などの成果を上げていたが、四十歳の前後から、明（中国）の李攀竜《りはんりゅう》、王世貞《おうせいてい》らが唱えた文学理論としての古文辞の影響を受け、中国古代の言語や文章の実証的研究を進めるとともに、この方法を儒学の古典の解釈学に適用して、古文辞学という新しい学風を樹立した。

そのなかで徂徠は仁斎と同様、儒学の古典に対する朱子学の解釈に曲解あるいは歪曲が多いことに気がついた。研究をさらに進めていくと、今度は朱子学だけでなく、孔子以降の儒学はことごとく、古典に対する間違った解釈の上に成り立っているのではないかと、徂徠は考えるようになっていく。

「礼楽刑政」こそが儒教の真髄たるものである

それでは、本当の儒学とは一体どこにあるのか。実は徂徠からすれば、本当の儒学あるいは儒教は後世のインチキ学問の朱子学にあるのでもなければ、儒教創始者である孔子にあるのでもない。孔子の学問も所詮、孔子という一儒学者の儒教に対する個人的解釈にすぎないのである。

儒教の根幹をなすものはむしろ、孔子自身と後世の儒学が絶賛し崇拝してやまない、堯や舜などの古代の「聖王」「先王」にあると、徂徠は考えた。

ここでいう古代の「聖王」「先王」とは、儒教が理想的な統治者として推奨する中国古代王朝の七人の君主のことである。まずは、伝説上の人物である堯と舜と禹の三人、そして古代王朝・殷王朝の創始者である湯王と、周王朝の創始者である武王とその父の文王、そして武王の子を補佐して理想的な政治を行なった王族の周公の四人である。

儒学古典の『論語』や『春秋』、あるいは中国最初の本格的な歴史書である『史記』は口を揃えて、堯・舜・禹、さらに湯王・武王・文王・周公を理想的な先王として褒め称えており、儒教の世界においては、この「先王七人」はもっとも賢明にしてもっとも偉大なる「聖王」として崇拝されている。

このような儒教の伝統を踏まえて、徂徠は考えるのである。儒教自身がこの七人の「先王」を「聖王」として崇拝しているなら、儒教の原点と真髄は当然、後世の孔子やさらに後世の朱子学にあるのではなく、まさにそれらの先王にあるのではないか、と。さもなければ、この七名の先王がまさに「聖王」として崇拝される理由はない。

しかしこの七名の先王は統治者であって理論家ではない。彼らは著述したこともなければ、多くの言葉を残したわけでもない。ならば、彼らの残した儒教の真髄は一体何か。

そこで徂徠は、自らの研究に基づいて一つの重要かつ独創的な結論を出した。先王たちが作り上げた「礼楽刑政」――すなわち礼節・音楽・刑罰・政令など、人間社会の秩序と平和を維持するための政治制度・文明制度のすべて――こそが、先王たちの残した儒教の根幹であり、儒教の真髄たるものである、と。

ここで徂徠は、儒学、あるいは儒教が誕生して以来の、もっとも大胆にしてもっとも革命的な発想の転換を行なった。つまり徂徠は、儒教の真髄は、実は、言葉や文字で語られるような理論や思想にあるのではなく、儒教自身が崇拝する先王たちが作り上げた「礼楽刑政」という実在の社会制度・文明制度の仕組みやシステムこそが儒教の根幹をなすものであり、儒教の拠り所なのだと喝破したのである。

徂徠からすれば、後世の儒学というものは所詮、それらの社会的現実としての「礼楽刑政」に対する儒学者たちの解釈であり、現実の社会・文明制度の理論化にすぎない。しかも、「礼楽刑政」に対する正しい解説があったのはせいぜい孔子までである。後世になればなるほどその解釈は実態から離れていき、朱子学になると、それは単なる曲解や歪曲の類となってしまうのである。

仁斎が朱子学を否定して儒教の原点を孔子の『論語』に求めたのと同じように、徂徠は朱子学を否定して、儒教の原点を求めて先王の「礼楽刑政」にたどり着いた。徂徠は仁斎よりさらに一歩進んで、孔子の『論語』でさえ通り越して、『論語』を含めたすべての儒教の経典が誕生する以前の先王の時代にタイムスリップし、そこから儒教の根幹と真髄をなすものを掘り出したわけである。

そして、これをもって徂徠は、朱子学の枠組みを徹底的に破壊した。前述のように、朱子学はその実践論となる「八条目」において、個人個人の「格物、致知、誠意、正心、修身」と、「斉家、治国、平天下」という社会的・政治的目標の達成とを一直線に結びつけ、個人がきちんと「誠意、正心、修身」すれば、おのずと「治国平天下」となって社会と国家が安定と安泰を保つことになると論じているが、徂徠からすれば、それは所詮、朱子学の妄想にすぎないのである。

いっとき幕府の政治中枢の近くに身を置いて、政治の実態をその目で見た徂徠は、この「八条目」は政治の遂行にあまり役に立たないことが、よくわかっていたのであろう。

それでは天下国家に秩序を与えて安定させるのは何か。

徂徠の答えはまさに「礼楽刑政」の四文字であった。中国の堯・舜・禹と湯王・武王・文王・周公の「七聖王」の時代においては、秩序と平和がきちんと保たれ、理想的な社会が実際に実現されていた。つまり、先王たちが作り上げた「礼楽刑政」の実効性は、すでに証明されている。したがって日本人を含めた後世の人々は、先王の「礼楽刑政」をきちんと理解してそれを実行すれば、平和と安定の理想社会がおのずと実現されるのである。

そうなると朱子学の推奨する「八条目」も、朱子学の壮大なる思想体系も、まさに無用の長物に過ぎぬものとなる。仁斎の学問と同様、徂徠学においてもやはり、朱子学が完全に否定されて、きっぱりと切り捨てられたのである。

仁斎と徂徠によって葬り去られた官学の朱子学

以上のように、われわれはこの章において、江戸時代に入ってから儒学、とりわけ朱子学が日本で台頭して展開していったプロセスと、この原理主義的な朱子学に対する日本人の戦いの軌跡を見てきた。この一部始終を一言でいえば、要するに、家康と林羅山によって官学に祭り上げられた朱子学が、やがて仁斎と徂徠の手によって思想的に葬り去られていく過程である。

本書のテーマである思想史において、日本人は常に、自らの思想的伝統と風土に合わないものに対して、手を加えて日本的なものに改造していくか、あるいは無用の長物としてさっぱりと切り捨てていくか、そのどちらかの方法で対処している。朱子学に対する対処法は、まさに後者である。

もちろん仁斎と徂徠のあとも、朱子学は依然として幕府の官学として一定の影響力を維持していた。だが、その勢力の衰退は明らかである。

徂徠の死去から六十数年後の寛政二年（一七九〇年）に、幕府が「寛政異学の禁」を発令して学問所の昌平黌において朱子学以外の学問の講義研究を禁じたことは前に触れた通りだが、よく考えてみれば、朱子学が官学として導入された幕府開府の当時ではなく、それから百九十年近くも経った寛政になってから、いまさらのように「異学の禁」が発せられたのは、いささか不思議である。

逆に見れば、寛政の時代、朱子学の衰退がすでに深刻化しているからこそ、幕府はそれを死守するためにやむをえず、この不人気な「異学の禁」を出してしまった、ということであろう。

つまり「寛政異学の禁」の発令こそが、日本における朱子学衰退を、何より証明するものであった。そして思想史的にいえば、遡って仁斎と徂徠の時代、この二人の不世出の大思想家の手によって、一世を風靡した朱子学は、すでに葬り去られていたのである。

第四章　国学の快進撃——日本思想史のコペルニクス的転回

仁斎と徂徠の学問手法が国学成立への道を開いた

前章でわれわれは、仁斎と徂徠の学問によって、朱子学が完全に否定され、無用の長物として切り捨てられたことを見た。朱子学はこれで、日本の思想史的には葬り去られることとなったが、ここで留意しておくべきなのは、仁斎と徂徠の朱子学に対する離反と批判は、あくまでも儒学の枠組みのなかでの離反と批判である点だ。

つまり仁斎と徂徠はあくまでも儒学者として、朱子学を批判して否定したのであって、儒学あるいは儒教そのものから離反したわけでは決してない。彼らはむしろ、朱子学が本来の儒学に対する曲解であると見て、この本来の儒学を取り戻すために朱子学に叛旗を翻したのである。

仁斎においては、朱子学の曲解を洗い落として取り戻した本来の儒学は、儒教の創始者の孔子の儒学であり、「最上至極宇宙第一の書」である孔子の『論語』の世界であった。仁斎は、孔子の儒学をもって朱子の儒学を批判したのであって、儒学そのものから一歩も離れてはいない。

徂徠の場合も同様である。彼は「先王」の作り上げた「礼楽刑政」を持ち出して朱子学を否定したものの、この「礼楽刑政」は依然として儒学の枠組みのなかにあるものである。ここでの先王というのは、まさに儒学が「聖王」として崇拝しているところの先王だからである。

そして、仁斎にしても徂徠にしても、彼ら自身の見つけた儒教の原点こそが、彼らの学問にとっての絶対的な真理でもある。前述のように、仁斎にとっては孔子の『論語』こそが「最上至極宇宙第一の書」であるから、論語のなかで孔子の発した言葉の一つひとつは、彼にとっての絶対的真理であろう。徂徠においては、天下国家が安定と平和を保つための要がすなわち中国の先王たちの作り上げた「礼楽刑政」であるなら、それらの中国の先王こそが崇拝すべき絶対的存在であり、先王たちの神聖性こそが「礼楽刑政」の正しさと実効性の保証なのである。

仁斎も徂徠も結局、孔子や先王などの中国の聖人を絶対的な存在と見なして崇拝し、そして中国聖人の思想や考えを、自らの学問の絶対的基準にしていたのであった。とすれば、本書の主題である「脱中華の日本思想史」からすると、朱子学から脱出できたこの二人の思想家は「中華」からは実は一歩も離れていないことになる。仁斎と徂徠においては、日本の思想史は依然として「脱中華」の途上にあるのである。

とは言うものの、朱子学を日本の思想史から葬り去ったこの二人の功績はやはり大きかったと言わざるをえない。しかも、仁斎と徂徠以後の日本思想史において、この二人の功績は実は、江戸後期における本格的な「脱中華」への道を開いたのであった。

仁斎と徂徠の学問が後世の「脱中華」への道を開いた功績の一つは、彼らによって確立された「古学」の方法論にある。

前述のように、仁斎と徂徠の両者とも、儒学の古典に対する朱子学の曲解への疑問から朱子学への離反を始めた。朱子学の曲解を洗い落として儒学の原点を取り戻すために、仁斎が開発した学問の方法がすなわち、儒学の古典をその本来の意味において読み直すという「古義学」であった。そして徂徠は、儒教の原点として先王たちの制作した「礼楽刑政」を取り戻そうと考えたが、その「礼楽刑政」の中身と真意を中国の古典に即して理解し把握するための学問的方法が、すなわち「古文辞学」であった。

仁斎の「古義学」と徂徠の「古文辞学」にはさまざまな違いもあるが、共通しているのは、古典の本来の意味を古典に即して読み取る手法である。それゆえ、両者は一括りにされて「古学」と呼ばれる。

仁斎と徂徠によって開発された「古学」の学問的手法こそが、「脱中華の日本思想史」の重要な鍵の一つとなった。詳しくは後述するが、日本思想史の本格的な「脱中華」を担うことになる「国学」は、まさに仁斎と徂徠の「古学」の手法を受け継ぐことによって、その学問成立への第一歩を踏み出したのである。

儒学者の開発した手法が、国学者によって受け継がれ、それによって儒学を含めた「中華」から日本思想が完全離脱するための道が開かれたのである。このプロセスは、日本思想史のもっとも興味深い展開だといえよう。

突っ込みどころ満載の「礼楽刑政」論

「古学」という手法を開発したこと以外に、仁斎と徂徠の学問、とりわけ徂徠の学問は、もう一つ別の意味において、国学の登場と脱中華への道を開くこととなった。

仁斎の場合、彼が自らの儒学の最大にして唯一の原理にしているのが「愛」であることは前述の通りであるが、よく考えてみれば、「愛」というものを学問の基本原理にするのであれば、何も中国の儒学を拠り所にしなくてはならない理由はどこにもない。日本人古来の心情においても、「愛」というものは十分にある。「愛」を原理として求めるなら、日本のなかでそれを探し出せばよいのであって、わざわざ中国古典の『論語』をひもといて、それを見つけてこなければならない理由はどこにもない。

つまり、仁斎の学問を突き詰めていけば、その到達点はすなわち「儒学の不要」であり、『論語』そのものの不要なのである。実際、後世の国学は、まさにこのような結論を高らかに掲げたのであった。仁斎の学問はそういう意味でも、日本思想史上の脱儒学と脱中華の発端を開くことの一助となったといえる。

そして徂徠の場合、彼の儒学が国学成立の一助となった理由はやはり、徂徠学の核心部分となる「礼楽刑政論」にあった。

前述のように、「天理」を基本原理とした朱子学を否定したあと、徂徠は儒学の原点を先王たちの制定した「礼楽刑政」に求めた。つまり徂徠からすれば、堯や舜などの中国古代の聖王たちの制定した礼儀体系や法制度・政治制度こそが儒学ないし儒教の基本であり、人々が守るべき規範とルールであった。そして先王たちが作り上げた「礼楽刑政」が人々によってきちんと守られ実施されていれば、社会と国家はおのずと安定と平和を保ち、「治国平天下」の社会理想が実現されることになる。

徂徠は明らかに、人間社会の外にあって人間社会に上から君臨する朱子学の「天理」を退けて、人間社会のなかにあって人間自身が制定した「礼楽刑政」を儒学の原点に置いた。朱子学の「天理」が人間の知恵を超えたところで超人的な「天」によって措定されたものであったのに対し、徂徠が設定した基本原理としての「礼楽刑政」はむしろ、人間でもある中国古代の先王が人間の知恵を尽くして制定した、人間社会の規範であった。

ここで朱子学の「天理」と徂徠学の「礼楽刑政」との間に決定的な違いの一つが生じてくる。朱子学の「天理」は、「天」という没人格的・絶対的存在から「先天」的に人々に与えられたものであるのに対し、「礼楽刑政」は見事に、人間である先王たちの手によって「後天」的に制作されたものだということである。

そうすると、一つ大きな思想上の問題が生じてくる。朱子学において「天理」が正しいとされるのは、「天」という神聖で絶対的な存在によって与えられたからである。「天理」の正しさは「天」によって保証されている。しかし徂徠学になると、人間のつくった社会規範としての「礼楽刑政」は、なぜそれが正しいといえるのだろうか。「礼楽刑政」の正しさは、一体、何によって保証されるのか。

これに対し、徂徠自身は二つの回答を用意している。徂徠曰く、政治制度・社会規範としての「礼楽刑政」が正しい理由の一つは、それを制定した先王たちの賢明さによる。つまり堯・舜などの先王は普通の人間と違った特別の先知先覚の賢人であるから、彼らの手によって制定された「礼楽刑政」は正しくて遵守すべきものであるという。

徂徠が用意したもう一つの答えはすなわち、先王たちが制定した「礼楽刑政」が実施された結果、平和にして安定した理想社会が実現されたことである。歴史上の素晴らしい実績こそが「礼楽刑政」の正しさの証明ではないか、というのである。

つまり徂徠にとって、「礼楽刑政」の正しさは結局、先王たちの賢明性と「礼楽刑政」の実績によって保証されるものだということになる。

しかし、ある程度の哲学的思考訓練を受けた人間なら誰でも、この二つの「礼楽刑政の正しさの証明」に疑問を呈することができるであろう。

「礼楽刑政」の正しさは先王たちの賢明さによって保証されているというなら、この先王たちの賢明さはまた何によって保証されるのか。それが、まず問題となる。もし先王たちが別に賢明ではなかったら、あるいは彼らが最初からただの馬鹿であったなら、「礼楽刑政」の正しさの根拠はまったく成り立たないのではないか。われわれは一体何をもって、先王たちのずば抜けの賢明さを証明できるのだろうか。

このような突っ込みに対し、徂徠は実は何の答えも用意していない。おそらく儒学者である彼の意識においては、聖王とも呼ばれる堯・舜などの先王たちが普通の人間より賢明であるのは最初から、証明する必要のない自明なことなのだ。「先王はなぜ賢明と言えるのか」という質問自体、徂徠にとっては予想外であり、ありえない「愚問」なのであろう。

しかし、「先王は本当に賢明なのか」という質問が「愚問」とされるのは、あくまでも儒教あるいは儒学の枠組みのなかにおいてのことである。いったん儒教の世界から抜け出せば、あるいは最初からこの儒教の世界の外に身を置いていれば、思考力のある人間なら誰もが、徂徠に対して上述のような鋭い突っ込みができるはずだ。もちろん徂徠は、その問いにまったく答えることができない。そしてその瞬間、「礼楽刑政」の正しさの証明は、徂徠学と共に音を立てて崩れていくしかなくなる。

徂徠が提示した「礼楽刑政」の正しさの二番目の証明も突っ込みどころ満載だ。先王が制定した「礼楽刑政」が正しいとされる理由の一つは、それが天下泰平の理想社会を実現させた実績があるからだと徂徠はいう。しかしそれに対しても、堯や舜を「聖王」と見なす儒教の枠組みから一歩でも抜け出せば、誰でも突っ込むことができる。中国の歴史書が賛美してやまない堯や舜などの聖王の時代の天下泰平は、果たして歴史の事実だったのか。それがまず疑問だ。そしてこれらの聖王たち以後の時代、中国の歴史王朝は「礼楽刑政」をその通りに実行していたが、それでも中国の歴史には戦乱や内乱が付きものであった。それは一体、なぜなのか。

もちろん、このような疑問に対しても、徂徠は満足のいく答えを出すことができない。聖王以降の中国歴史に多くの政治的乱れと内乱・内戦があったことは誰でも知っている事実だからだ。

結局、徂徠の立論のすべては、「先王が先王だから絶対に正しい」「『礼楽刑政』は実績があったから絶対に素晴らしい」との一点張りであって、このような脆弱な「正しさの根拠」が誰かの突っ込みによってひっくり返されれば、徂徠学自体が一挙に崩壊していくしかなくなってしまう。同時に、彼が儒教の最後の拠り所として設定した「礼楽刑政」の正しさと有用性の理論的根拠も、一気に崩れていくであろう。

そして実際、江戸時代の中期から後期にかけて登場してきた国学はまさに、徂徠の一番痛いところを見事に突き、それを突破口にして儒学の理論を粉砕したのであった。

徂徠の「礼楽刑政論」を徹底論破――賀茂真淵

江戸時代に活躍した国学者のなかで、賀茂真淵《かものまぶち》が、後述の本居宣長に次ぐもっとも重要な人物であることに異論はないだろう。彼は契沖《けいちゅう》と荷田春満《かだのあずままろ》が開いた国学の流れを受け継ぎ、それを学問として体系化させる一方、かの有名な「松坂の一夜」以後、国学のバトンを宣長に渡したことで、国学大成の生みの親のような大役を果たした。

そして、まさにこの賀茂真淵こそが、徂徠に嚙み付いてその儒学理論を一挙に粉砕した人物である。この一部始終を述べていく前に、例によってまず、「ブリタニカ国際大百科事典」の解説を引用して賀茂真淵の来歴と事績を簡単に記しておこう。

賀茂真淵は江戸中期の一六九七年（元禄十年）、遠江国（静岡県）浜松に生まれる。生家は賀茂神社の神職岡部家の分家である。三十歳の頃、浜松の脇本陣梅谷家の養子となった。早くから文学に親しみ、和漢の学を修めて、荷田派の古学や古文辞学派の影響を受け、特に漢詩や和歌に才能を発揮した。ときどき上京して荷田春満に学び、四十歳の頃、江戸に出て浪々の生活を送りつつ学事に努めた。

五十歳のとき、和学をもって田安《たやす》宗武《むねたけ》（八代将軍徳川吉宗の次男。国学者、歌人）に仕え、古典の研究、古道の復興、古代歌調の復活に没頭、特に『万葉集』の研究にめざましい業績を示し、万葉調歌人としても特色を見せた。

本居宣長と並んで著作の多い賀茂真淵であるが、国学の体系を示す代表的な著作には『歌意考』『国意考』『語意考』『祝詞考』『万葉考』などがある。そのなかでも特に『国意考』

は、真淵の国学の真髄を濃縮した一冊であると評価されている。

実は真淵が徂徠に嚙み付いて、徂徠学と儒学そのものに対する痛烈な批判を執拗ほどに繰り返したのは、まさにこの『国意考』においてであった。

たとえば彼はこの書において、「或る人」との対話を設定した形で、次のような論を展開している（『大日本思想全集』第九巻、大日本思想全集刊行会、昭和八年）。

「『嘗《かつ》て自分が天下を治める儒教を専心に志さうと言つたのに対して、貴君は只笑つてばかり居られて何事も申しませんでした。それには何か理由があるのに相違ないでせう。どうかそれを御話し下さい』とその人が云つたので、自分は『君の云ふのは支那の儒教のことに相違ないと思ふが、それは天地に自然と存在してゐる大調和を無理に小さく考へて、二三の人に依つて作られたものに外ならないではないか』と答へたのであつた。

その人はこれを聞いて非常に腹を立てて『何故こんな大きい道のことを小さいと云ふのですか』と質問して来た。自分は逆に『一体貴君の尊ばれる儒教の本家である支那では、世の中が治まつたことがあらうか否かを御尋ねしたい』かう云ふとその人は堯、舜、夏、殷、周などを一々挙げて、その理想的な時代を賞讃したのである。

『その後はどんな時代が理想的に治まつたか』

『その後は別段にありません』
『一体支那は最初から今までにどれ程年数を経てゐるのであらうか』
『堯から現代までは幾千年経つたか解りません』

かうした問答の後に自分は更に『それなら何故永久に堯から周までのやうな理想的な時代が続かないのであるか。その後に至つて今日まで引続いて衰へてゐるのは如何なる理由であるか。只貴君の云ふのは幾千年以前、幾百代も過去のことばかりに片寄つて、そんな理想的な時代があつたと云ふのであるが、自分に云はせれば、それは単なる昔物語に過ぎないのである。世の中のことはそんな理屈一方では行かないこと知らなければならない』と云ふと、その人は益々腹を立て（以下略）」

以上は、賀茂真淵が設定した「或る人」との対話を通して展開した議論であるが、私には、この「或る人」がどうしても、真淵にとっての先輩思想家である徂徠に見えてくるのである。

「或る人」はまず、自分が「天下を治める儒教を専心に志そう」と言う。ここでの「天下を治める儒教」は、徂徠の考える儒教とまさに同じものであろう。前述のように、「礼楽刑政」を用いて天下に安定と平和をもたらす、すなわち「天下を治める」ことは、徂徠自身が目指した儒教の理想的な姿である。

そして真淵はこの「或る人」に対し、「君の言うのは支那の儒教のことに相違ない」と指摘したうえで、「(それは)二、三の人によって作られたもの」と述べるが、これは明らかに、徂徠学の「礼楽刑政」を指しているとしか思えない。前述のように、徂徠のいう「礼楽刑政」とはまさに、少人数の先王によって「作られたもの」だからである。

つまり真淵はここで、あたかも先輩思想家の徂徠と自分との、架空の対話があるかのように設定し、それを通して、徂徠学と儒学への批判を展開していくのである。その際、彼が批判のターゲットにしたのは、「礼楽刑政」の正しさと有用性を証明するための徂徠の二番目の根拠である。

前述のように、徂徠は先王の時代においても先王のあとの時代においても、「礼楽刑政」が天下の平和と安定をもたらしたと述べ、この「実績」をもって「礼楽刑政」の有用性を論じた。しかしこれに関して、真淵はまず「或る人＝架空の徂徠」に対し、「ならば、君が大事にする儒教の本家の中国では、果たして天下が治まったのか治まっていないのか」と問いかける。すると「或る人＝架空の徂徠」は「堯、舜、夏、殷、周」などの「理想的な時代」を例に挙げて、「天下はちゃんと治まったではないか」と答えるが、真淵はさらに畳みかけて次の質問を投げかけ、以下のような会話となる。

真淵「その後はどんな時代が理想的に治まったか」

架空の徂徠「その後は別段にありません」

真淵「一体中国は最初から今までにどれほど年数を経ているのであろうか」

架空の徂徠「堯から現代までは幾千年経ったかわかりません」

真淵は、このような一問一答の真剣勝負を通して、架空の徂徠を完全に論破していく。

真淵はここで、徂徠に対して次のような鋭い突っ込みを行なった。

「貴方はただ礼楽刑政が素晴らしいとばかりいうが、これをつくった堯や舜の時代から数千年も経った今でも、本場の中国が治まった気配は一向にないのではないか。この数千年間、かの国の政治が乱れて天下大乱に陥ったことは、いくらでもあるのではないか。礼楽刑政は一体何の意味があるのか」

これに対しては、たとえ本物の徂徠がこの場に現れたとしても、何も答えることができないであろう。真淵が持ち出したのは中国史の周知の事実であるから、徂徠には反論しようがない。

論争における架空の徂徠の完敗は明らかだ。そしてこの瞬間において、徂徠学における

「礼楽刑政の正しさの二番目の証明」は完全に崩れたのである。

人間社会の正しい道である日本の「古道」を取り戻せ

実は真淵が上述の架空の対話において論破しようとしたのは、徂徠の「礼楽刑政の正しさの二番目の証明」だけではない。その「一番目の証明」も真淵の攻撃射程に入っていた。

前述のように、徂徠は「礼楽刑政」の正しさの一番の根拠を「先王がそれをつくった」ことに求めた。賢明な先王たちの手によってつくられたものだから正しい、との議論を展開していた。この議論は、徂徠学のもっとも大事な理論的拠り所ともなっている。

しかしそれに対し、真淵は上述の架空の対話においてこう指摘する。「それ（支那の儒教）は天地に自然と存在している大調和を無理に小さく考えて、二、三の人によってつくられたものにほかならないではないか」と。

真淵はここで、徂徠が「先王が天下に平和と安定をもたらすために制作した」と主張する「礼楽刑政」に対し、それは所詮「二、三の人によって作られたものではないか」と指摘するのである。つまり真淵は、徂徠が賢明なる聖王として持ち上げている堯・舜たちのことをただの「二、三の人」と矮小化してみせた。そしてこれをもって、「先王」がつくったとされる礼楽刑政の正しさと有用さの根拠をひっくり返そうとしたのである。

それは実に重要なポイントだ。堯や舜などの先王を先知先覚の聖王だと崇拝しているからこそ、「先王のつくった礼楽刑政が正しい」との論が成り立つのである。この前提をいったん捨ててしまえば、つまり先王たちのことを「聖王」ではなく普通の「二、三の人」だと見なしてしまえば、「礼楽刑政の正しさの根拠」はその瞬間に崩れてしまい、徂徠学の拠り所は一気に崩壊してしまうのである。

これで真淵は実質上、徂徠学を一挙に粉砕してしまったことになる。そのうえで、彼はさらに、「礼楽刑政が先王によってつくられた」という徂徠の主張の、「つくられた」という言説に注目し、問題視していく。

真淵はこう論ずる――人間の作為によってつくられた制度や規範などはせいぜい人間の小さな知恵の所産にすぎないのではないか。人間社会の正しい「道」はむしろ、人為の所産とは別のところにあるのはないか。それこそがすなわち、「天地に自然と存在している大調和」であり、人間の知恵と作為を超えた自然無為の「天地自然の道」ではないか。

つまり、徂徠が礼楽刑政の正しさの根拠として「先王がそれをつくった」と強調したのに対し、真淵はむしろそれを逆手にとって、「人為的につくられたものだから、それは駄目だ」

との論を展開したのである。そして、人間の作為の結果にすぎない「礼楽刑政」に対するアンチテーゼとして、真淵は「作為」の正反対にある「天地自然の道」を打ち出したのであった。

人間が己の小さな知恵を捨ててこの「天地自然の道」に従えば、社会も国家もおのずと安定と平和を保つことができるのであって、先王たちの礼楽刑政も儒教的倫理規範もいっさいいらないと、真淵は考える。この理想的な「天地自然の道」は一体どこにあるのか。実は、まさにこの質問に対する答えにこそ、真淵の国学の国学たる所以があるのである。真淵は、古代の日本においてこそ、このような「天地自然の道」が存在していて、それによって天下の泰平が実現されていたと主張するのだ。

古代の日本において、人々は天地自然のままに素朴でおおらかに生き、必要な道徳をおのずから備えていた。道はその精神で実現されており、泰平で安定した社会があった。このような日本こそが理想的な社会の姿であって、日本の「古道」こそが人間社会の正しい道なのである。

古代日本の理想的な姿を描いたうえで、真淵はさらにいう——古代の日本には本来の正しい古道があって天下がよく治まっていたが、残念ながら後世になって儒教が日本に伝わってきて、仁義礼智などの人為的につくられた儒教的規範が人々の心に影響を及ぼした。その結果、日本人は古来の素朴さを失って理屈っぽくなり、政治が乱れて壬申の乱のような内乱も起きた。真淵からすれば、そのとき以来、日本古来の「天地自然の道」すなわち古道は、中国伝来の儒教によって汚染されて現在に至っている。したがって国学の目指すところは、まさに儒教による汚染を洗い落とし、それを「除染」したうえで、日本の古道、日本古来の精神を取り戻すことにある。そう真淵は考えたのであった。

しかし、今の日本人は一体どうやって日本の古道を取り戻すのか。真淵がそのために駆使した手法の一つがすなわち、儒教伝来以前の『万葉集』などの日本の古典を読み直すことだった。それを通して古代日本人の精神を把握し、今の日本人の精神として取り戻すのである。

そのなかで、歌人でもある真淵自身がとりわけ重要視するのは『万葉集』の研究であった。彼の国学はまさに『万葉集』研究の上に成り立つものである。

いかにして国学は成立したか——その思想史的検討

以上、徂徠学への批判から展開された真淵の国学の概要を見てきたが、つまり真淵は、徂徠が儒教の最後の拠り所として主張する「礼楽刑政」の正しさと有用性を徹底的に否定したうえで、徂徠によって露呈された儒教規範の「人為性」を逆手に取り、人為を超えた「天地自然の道」である日本の古道を、儒教への対抗理念として打ち立てたのであった。

そのなかで真淵は、古典の読み直しによって日本古来の精神を取り戻すことと、日本精神を取り戻すことによって儒教の汚染を洗い落とすことの二つを、自らの国学の二大テーマとして措定したのである。真淵によって措定されたこの二大テーマこそ、のちに本居宣長によって継承されていく日本の国学の基本テーマそのものである。

より長い思想史的なスパンから見れば、仁斎・徂徠の儒学から、真淵による国学成立に至るまでの一連の流れは、次のように捉えることができよう。

仁斎と徂徠は、まず朱子学への離反と批判から自らの学問をスタートした。そして彼らの学問の到達点はすなわち、朱子学そのものの否定であり破壊であった。彼らの手によってまず、儒教の変種である朱子学は思想史的に葬り去られた。

もちろん仁斎と徂徠は、朱子学を否定したものの、依然として儒教の枠組みのなかに踏みとどまった。というよりもむしろ、彼らは朱子学を否定することによって「本物の儒教」を守ろうとした。そのために、仁斎が「愛の原理」を、徂徠が「礼楽刑政」を持ち出して守るべき儒教の最後の拠り所にした。

しかし、徂徠が「礼楽刑政」の正しさを証明するために持ち出した「先王がそれを制作した」との理論は、思わぬところで徂徠学と儒学自身の墓穴を掘ることとなった。次に出てくる国学者の真淵が、徂徠の主張する「先王の制作」を逆手にとって、「儒教の道は所詮、一二、三の人の小さな知恵の作為ではないのか」と嚙み付いたのである。

そして、儒教的「人為」へのアンチテーゼとして、真淵は人為を超えた天地自然の道としての日本の古道を打ち出し、儒教の規範と思想全体を頭から否定してそれを一掃しようとした。その結果、儒教への対抗理念として打ち出された日本の古道は、そのまま国学の中心テーマとなった。そして国学はこのような中心的テーマを確立することによって、学問としての成り立ちを得た。

こうしてみると、仁斎と徂徠による朱子学の批判、そして真淵による徂徠学と儒学の批判という、江戸時代の日本思想史上で展開されたこの一連の批判運動はまさに、日本の思想が儒学から離脱して「日本の古道」へと回帰する流れとして捉えることができよう。その際、仁斎と徂徠による朱子学批判は、結果的に、国学の成立と日本回帰への道を開くものとなった。皮肉なことではあるが、儒学者である仁斎と徂徠の最大の功績はむしろ、儒教の否定と国学の成立を手助けしたことだったのである。

仁斎と徂徠の学問には、国学の成立と日本回帰の思想運動の一助となったもう一つの側面がある。それはすなわち、仁斎と徂徠の両方が用いた「古学」という学問的方法論が、国学の思想的成立と理論的展開に有力な武器を提供した点である。

古典の意味を古典に沿ってそのまま理解するという、仁斎の「古義学」と徂徠の「古文辞学」に共通するところの「古学」という学問的手法であるが、仁斎はそれを用いて『論語』を読み直して「愛の儒学」を確立し、徂徠はそれをもって『論語』以前の中国古典を読み直して自らの「礼楽刑政論」を打ち立てた。

そして、「古典に沿って古典の真意を読み取る」という仁斎と徂徠の開発した手法は、前述の賀茂真淵と真淵の師である荷田春満によって受け継がれて、国学の大家である本居宣長によっても愛用された。もちろんその際、彼ら国学者が読み直そうとしたのは、もはや儒教の古典ではなかった。『万葉集』や『源氏物語』、そして『古事記』などの日本の古典こそが、国学者が読み直すべき対象となるのである。

そのなかで、春満や真淵が『万葉集』の読み直しに専念していたのに対し、数十年をかけて『源氏物語』と『古事記』を深く解読することによって自らの学問と日本の国学を集大成したのが、日本の国学の第一人者、本居宣長である。

斬新にして画期的な「もののあはれを知る」論——本居宣長

本居宣長の学問と思想を論ずる前に、ここではまず、「朝日日本歴史人物事典」と「大辞林第三版」の解説の引用を中心に、宣長はどういう人物かを見てみよう。

宣長は一七三〇年（享保十五年）に伊勢松坂の木綿商の家に生まれる。二十三歳の年、医学修業のため京都に上る。都では堀景山に入門して漢学を学び、荻生徂徠、契沖の学問に触れる。遊学中、名を本居宣長と改める。二十八歳で松坂に帰り医師を開業、そのかたわら『源氏物語』の講義を始める。三十四歳のとき賀茂真淵が松坂に立ち寄った際に訪ね、有名な「松坂の一夜」で生涯一度の対面を果たして、その冬には正式に真淵の門人となる。以後、『古事記』研究と並行して語学研究、評論執筆に励み、門人多数となる。

その長い研究・著述生活において、宣長は古典研究を行ない語句・文章の考証を中心とする精密・実証的な研究法により、『古事記』『源氏物語』など古典文学の注釈や漢字音・文法などの国語学的研究に優れた業績を残した。また、復古思想を説いて儒教を排し、国学の思想的基礎を固めた。著書には『古事記伝』『源氏物語玉の小櫛《おぐし》』『古今集遠鏡《とおかがみ》』『漢字三音考』

『てにをは紐鏡《ひもかがみ》』『詞《ことば》の玉緒《たまのお》』『玉勝間』などがある。

以上が宣長の生涯とその学問的業績を簡潔にまとめたものであるが、ここでまず注目しておくべきは、二十三歳からの五年間にわたる宣長の京都遊学の経歴である。医学修業のための上京ではあったが、その間、彼は堀景山という儒学者の下で漢学を学び、独学で徂徠の学問を学び、そして国学の先駆者である契沖の学問も学んだ。実は、まさにここに出てきた「漢学」「徂徠」「契沖」という三つのキーワードに、国学者としての宣長の学問の出発点があった。

漢学を学ぶことによって宣長は、その生涯を通して戦うべき天敵の素性を知りえた。徂徠を学ぶことを通して、国学にとっての重要な研究法である「古学」の薫陶を受けた。そして『万葉集』研究の大家である契沖に学ぶことによって、宣長は国学者としての学問の基本理念と方向性を得た。おそらくそのときから、徂徠的手法を用いて日本の古典を読み直し、それをもって日本思想の「汚染源」である「漢意《からごころ》」を排除して、日本古来の心をも取り戻すという、宣長の学問の基本は定まったのではないか。

宣長の本格的な学問研究は松坂に戻ってからのことだが、そのとき、彼が日本古典の読み直しに選んだのは『源氏物語』であった。松坂に戻って医者として開業してから、宣長が

『源氏物語』の講義を始めたことは前述の通りであるが、実はこの講義は彼の生涯にわたって数回行なわれ、のちに『源氏物語玉の小櫛』という書物にまとめられた。

よく知られるように、まさにこの『源氏物語玉の小櫛』において、宣長は斬新にして画期的な「もののあはれを知る」論を打ち出したのであった。

「もののあはれを知る」とは何か。宣長は『源氏物語玉の小櫛』とは別の著書である『石上私淑言《いそのかみのささめごと》』巻一において、次のように定義する。

「すべて世の中にありとあることにふれて、其おもむき心ばへをわきまへしりて、うれしかるべき事はうれしく、おかしかるべき事はおかしく、かなしかるべき事はかなしく、こひしかるべきことはこひしく、それぞれに情の感《うご》くが物のあはれをしるなり。それを何とも思はず、情の感かぬが物のあはれをしらぬ也」（清水正之『日本思想全史』〈ちくま新書、二〇一四年〉より）

一見難解に見える定義であるが、われわれ読者は頭だけで考えるのではなく、自分の心の感じる力を動員して吟味すれば、宣長のいう「もののあはれを知る」ことの奥義を知ることができよう。

ここでの「もの」とは要するに、われわれ一人ひとりの人間の周辺にある物事のすべてである。それは親であり、恋人であり、友人であり、あるいは赤の他人でもある。われわれ一人ひとりの人間と、そういう人々との関係性もまた、目に見えない「もの」である。それ以外には、われわれの身の回りにある存在のすべて、たとえば家の庭に植えている一草一木、朝の散歩に出会った道端の野芥子《のげし》や桔梗草《ききょうそう》、鳴き声が窓から聞こえてくる小鳥、天気の良い日に偶然に見上げた青空と雲、それらは全部、「もの」の一つ一つである。

そして、それらの「もの」のすべてには、人間としてのわれわれが感じ取るべき感情的あるいは感覚的な性質がある。恋人や親族はもとより、一草一木も、青空や白い雲も皆、われわれに何らかの感情的なものを訴えてくるであろうが、それはすなわち「もののあはれ」である。われわれは自分の心をもってすべての「もの」に接して、その「あはれ」を感じ取っていれば、自分自身も嬉しくなったり、哀しくなったり、恋しくなったりするであろう。より具体的に言えば、親や恋人や友人との関係に対してはもとより、一草一木や青空と雲を目にしただけでも、われわれは何かを感じて、自らの内面において何らかの感情的なものを起こすであろう。

このようにして、身の回りのすべての「もの」の「あはれ」を感じていて自らの心が共鳴していれば、それがすなわち、宣長のいう「もののあはれを知る」ことなのである。

「日本的理論」を確立し、儒教的思考を一掃する

文学作品である『源氏物語』の解読を通して打ち出されたこの「もののあはれを知る論」は、まずは一種の文芸論だが、その思想的な意味は当然、単なる文芸論あるいは文学論にとどまるものではない。対人関係から一草一木までのすべての「もの」に、われわれ一人ひとりの人間が心から共鳴する「あはれ」がある。このような考え方は、古来、綿々と受け継がれてきた、日本的心・日本思想の真髄たるものだからである。

本書の第二章で論述したように、日本人は古来、山とか森とか、海とか川とか、あるいは雨・風・雷とか、特に自然万物のなかに霊性が宿っていると考え、その力を神々として信奉してきた。こうした原始信仰としてのアニミズムは、世界の各民族の歴史のなかでも見つけることができるが、大半の場合、文化・文明の発達に伴ってアニミズムという素朴な原始信仰は消えていくこととなった。しかし日本においてはアニミズム的信仰が消えることなく、現代においても「八百万の神々」という日本神道の世界観として生きている。

その一方、仏教が日本に伝わってからは、日本古来のアニミズム的考え方が日本人の意識の底に強く流れつづけていたので、仏教が直ちにその影響を受けるようになった。日本の大

乗仏教を特徴づけた「草木国土悉皆成仏」という考え方の背後には当然、自然万物のすべてに霊性が宿るという日本伝来の原始信仰がある。

こうして、「自然万物のなかに霊性が宿っている」という日本古来の思想は、一方においては神道の「八百万の神々」の考えを支え、他方においては日本仏教の「草木国土悉皆成仏」の考えをその根底から支えて、現在に至るまで生きたままの思想として力を発揮している。現在に生きる多くの日本人の精神の根底にも、やはり、このような考えがある。

しかし宣長以前の思想史上においては、これほど重要な日本的考え方あるいは心情を「日本的思想」として明確化・理論化した人は誰もいなかったのである。唯一の理論化は上述の「草木国土悉皆成仏論」であったが、それはあくまでも仏教の視点からの「日本の精神」の理論化であって、純粋な「日本的視点」からの理論化ではなかった。

こうしたなかで、一種の文学論から出発した宣長の「もののあはれを知る論」はまさに、この日本思想史上の空白を埋め、「自然万物のなかに霊性が宿る」という日本古来の信仰と精神に、奥ゆかしい日本的表現を与えて、それを「日本的理論」として確立したのである。

この理論においては、われわれ一人ひとりの人間は、一草一木から親・友人までのすべての他者と共通して「霊性」を持っていると認識される。だからこそわれわれは、それらの他者、すなわち「もの」と心が通じ合い、「もののあはれ」を知りうるのである。

　このようにして宣長の「もののあはれを知る」論は、日本古来の信仰を一種の理論として確立したが、他方において、国学のもう一つの重要な使命を支えるものともなった。日本の思想と日本の精神を武器にした、儒教的考え方の一掃である。

「もののあはれを知る」論が、『源氏物語』という文学作品への解読から打ち立てられたことの意味を考えてみよう。周知のように、『源氏物語』が描いたのは平安貴族の光源氏と多くの既婚・未婚の女性たちとの恋と性愛の遍歴である。そのなかには白昼堂々の不倫もあれば、暗闇のなかでの「乱倫」もある。中国儒教の倫理道徳観からすれば、それはまさに許しがたい淫乱と背徳の世界であり、厳しく糾すべき「礼楽刑政」の崩壊であろう。

　しかし宣長は『源氏物語』の解読にあたっては、このような儒教的倫理観からの視点をいっさい排除した。儒教から見れば淫乱と背徳のオンパレードである光源氏の恋と性愛の世界から宣長はむしろ、「嬉しいものを嬉しく、悲しいものを悲しく、恋しいものを恋しく感じる」という「もののあはれを知る心のエッセンス」を抽出して、それを日本古来の精神と思想として確立したのである。

　宣長のいう「もののあはれを知る」が、最初から中国の儒教思想に対するアンチテーゼであることは明らかである。逆に宣長からすれば、『源氏物語』の世界を「淫乱と背徳」だと見なす儒教的見方こそが「邪の心」の現れであり、「もののあはれを知る」という素朴にして美しい日本の心と精神に対する汚染である。日本の精神と思想の世界からは、そんな無益有害なものをいっさい、さっぱりきれいに洗い落としていくべきなのである。

さらに宣長は、『古事記』の研究と解読を通して、「もののあはれを知る」よりも包括的な日本の精神と心を確立するに至る。そして、自らが確立した日本古来の精神と心を武器として用いつつ、宣長は儒教だけでなく、「漢意《からごころ》」と称する中国的精神のすべてに対して、容赦のない総攻撃を仕掛けていったのである。

「まづ漢意《カラゴコロ》をきよくのぞきさるべし」

宣長がその長い生涯において書き残した多くの書物において、繰り返して強調した中心的テーマの一つこそ、「漢意の排除」であった。日本の精神と思想の世界から「漢意」というものを完全に追い払おうというのである。

宣長が「漢意の排除」をいかに重要視しているか。たとえば彼は、後進の若者のために書いた国学の入門書である『うひ山ぶみ』において、学問をするための心構えとしてこう説いている。

「道を学ばんと心ざすともがらは、第一に漢意《からごころ》・儒意《じゆごころ》を、清く濯《すす》ぎ去りて、やまと魂《たましひ》をかたくする事を要《かなめ》とすべし」（白石良夫全訳注『本居宣長「うひ山ぶみ」』講談社学術文庫、二〇〇九年）

この宣長の言葉は現代日本語に訳せば次のようになる。

「道を学ぼうとする者は、第一に漢意・儒意をさっぱりと洗い去って、大和魂を堅く持つことが、なによりも肝腎なのである」（同）

あるいは『玉勝間』という著作においても、宣長は同じようなことを強調している。

「がくもんして道をしらむとならば、まづ漢意《カラゴコロ》をきよくのぞきさるべし。から意の清くのぞこらぬほどは、いかに古書をよみても考へても、古《いにし》への意はしりがたく、古へのこゝろをしらでは、道はしりがたきわざになむ有《あり》ける」（田中康二『本居宣長——文学と思想の巨人』〈中公新書、二〇一四年〉より）

これを現代日本語に訳せばこうなる。

「学問をして『道』を知ろうとするならば、まず漢意をきれいさっぱりと取り去らなくてはならない。この漢意がきれいに除き去られないうちは、どんなに古書を読んでも、また考え

ても、古代の精神は理解しがたく、古代の精神を理解しなくては、『道』というものは理解しがたいことなのである」（同）

以上を見ただけでも、宣長が漢意を排除することにどれほどの執念を持っていたかがよくわかる。宣長からすれば、漢意こそが「道」を学ぶための邪魔であり、「古意」を理解するための妨げである。だからそれを何としてもきれいさっぱりと「濯ぎ去るべき」であり、「清く除き去るべき」なのである。

しかも、日本神道の伝統の考えと美感覚においては、「濯ぎ去る」「清く除き去る」べきものとは、まさに「穢れ」である。つまり心情的にも、宣長は明らかに、漢意を「穢れ」あるいは「汚れ」だとみなしているのである。

宣長のいう「漢意」は当然、儒教思想を中心とした中国的考え方や見方を指す。だが宣長のイメージにおいては、「漢意」は何も儒教的なものだけではない。中国で生まれて日本に伝わってきた思想と精神のすべてが、排除するべき「漢意」となっているのである。

実際、宣長は先に引用した『うひ山ぶみ』の一節において、「漢意・儒意」という表現を使っている。ここからわかるのは、彼のいう「漢意」はイコール「儒意」ではなく、「儒意」よりもさらに範囲の広いものであるということであろう。

儒教以外には、中国の老荘思想や道教の思想も当然「漢意」の範疇に入っているのであろう。ときにはインドで生まれ、中国で体系化された大乗仏教でさえ、宣長によって「漢意」だと認定されている。

彼の「漢意排除」はかなり包括的なもので、中国と関わりを持ったほとんどのものが、そのなかに入っているのである。

なぜ『古事記』冒頭の「天地」を「あめつち」と読むか

それでは宣長の提唱する「漢意の排除」、つまり漢意を除き去ることとは、具体的に一体どういうことを指しているのか。それを理解するために、彼自身が行なった「漢意排除」の作業の一例をここで見てみよう。

宣長がもっとも大事にする日本古典の『古事記』は、周知のように、冒頭からこう書いている。

「天地初発之時、於高天原成神名、天之御中主神」

『古事記』はこの一句から、日本の神々の由来を記していくことになるのだが、生涯の大半を『古事記』の注釈に費やした宣長は冒頭から、この「天地初発之時」という表現の注釈に大いに骨を折った。

「天地初発之時」は漢文であるから、それをまず、日本語として読み下さなければならない。その際、たとえば「天地」という言葉をどう読み下すかが問題となってくる。日本語の漢文読みには「音読み」と「訓読み」という二通りの方法があるが、音読みでいくと、「天地」は「テンチ」と読むことになるが、訓読みでいくと、「天地」は「あめつち」とも読むことができる。

そして宣長からすれば、「天地」を「テンチ」と読むのか、それとも「あめつち」と読むのか、そこには非常に重大な違いがあるのである。

「天地」の「天」を「アメ」と読んだ場合、「アメ」というのは漢字伝来以前の日本固有の言葉である。それはただ、自然としての天空あるいは虚空を指していて、そこにはいかなる思想的意味も含まれていない。

しかし日本語の「アメ」とは違って、中国語の「天」という漢字は単に自然の天空や虚空を指しているのではない。儒教の専門用語である「天命」「天道」「天理」などが示しているように、「天」という漢字につきまとっているのは、「天」を超越的な支配者だと見なす儒教の思想である。要するに宣長のいう「漢意」そのものである。

そうすると、日本人が「天」を「アメ」ではなく「テン」と読んでしまえば、結果的に、知らず知らずのうちに「天命」や「天理」などの儒教思想からの影響を受けてしまい、まさに「汚染」されてしまうのである。したがって宣長からすれば、『古事記』の冒頭から出てきた「天地」という言葉を、「テンチ」ではなく「あめつち」と正しく読むことが、まさに「漢意」を除き去るための大事な作業であり、日本の古典に対する「漢意」の汚染を取り除くための重要な仕事なのである。

実際、宣長が数十年の時間をかけて『古事記』を読み直して注釈した目的の一つは、そこにあった。そして、「漢意」の汚染を徹底的に取り除くことによって、『古事記』に隠されている日本古来の精神、すなわち「古道」を取り戻すこと。それこそが宣長の目指す国学の使命であり、理想なのである。

こうしてみると、宣長の思想と日本の国学において、「漢意の排除」がいかに重要なテーマであるかがわかるだろう。宣長にとって、漢意をきれいさっぱり洗い去ることは日本の古道を確立するための絶対的前提であり、あるいは日本の古道確立そのものなのである。

つまり、「漢意」さえきれいに濯ぎ去っていれば、それによって汚染されたところの日本の精神はおのずとその本当の姿を現して、その真価をわれわれに示してくれる。そのあとには、われわれのなすべきことは、もはや何もない。本当の姿を現した日本の古道に従うのみである。

そういう意味では、宣長における日本思想と国学の確立と漢意の排除は表裏一体の関係であり、漢意の完全排除あっての日本思想と国学の確立であった。

そして宣長のいう「漢意」とは、儒教思想を含めた中国思想あるいは中国的考え方のすべてを指しているから、本書のテーマである「脱中華の日本思想史」の視点からすれば、まさにこの宣長に至って、江戸期の日本の思想と学問は、「中華」との完全な決別を告げるところまで進化してきているのである。

日本こそ「中華」である──『中朝事実』の衝撃

宣長における「漢意の排除」と、日本思想の「中華」との決別。江戸時代の思想史においても、日本の思想史全体においても、このことの意味の重大さは、並ならぬものである。

ここではまず、江戸時代の思想史の視点から、宣長による「脱中華」の意味の重大さを見てみよう。

江戸時代に入ってから朱子学が官学に祭り上げられ、儒教が台頭してくると、儒教の本場の国である中国をどう見るかが、日本の知識界における問題の一つとなった。
一部の儒学者、あるいは儒教を信奉する者たちは当然のごとく、中国という国を「聖人の国」として礼賛し、いわば「中華崇拝」に陥っていった。しかも、「聖人の国」である中華を崇拝するあまりに、自らの生きる日本を逆に「夷狄」の国として蔑む風潮まで起きていたのである。

樋口達郎『国学の「日本」——その自国意識と自国語意識』（北樹出版、二〇一五年）の記述によると、たとえば江戸儒学の祖である藤原惺窩は弟子の林羅山に対し、「ああ、中国に生れず、またこの邦の上世に生れずして当世に生る。時に遇《あ》はずと謂《い》ふべし」と漏らしたという。その羅山も、「中華に降生して有徳有才の人と講習討論せざるは遺憾なり」と嘆いたと伝えられている。

江戸儒学の創始者であるこの二人がともに、「中華に生まれなかった」ことをいかに悔やんでいたかがかよくわかるが、山崎闇斎の有名な門弟である佐藤直方に至ると、日本のことを「夷狄」と貶めたうえで、「夷狄と云か結構な名に非ず、嬉ことに非ざれども、夷狄の地に生れたれば是非に不及也」と言い切った。「夷狄の地」の日本に自分が生まれたことに対し、彼は悔しさを通り越しての「諦観」までを吐露したのである。

彼らは一体どうして、そこまで「中華」を崇拝して自国の日本を蔑むのか。これについて、国学の研究から近代日本の思想史を論じた松本三之介東京大学名誉教授が、こう述べている（樋口前掲書より引用。出典は、松本三之介『近代日本の中国認識——徳川期儒学から東亜共同体論まで』以文社、二〇一一年）。

「徳川期の日本にあって儒学に懸命に取り組んだ儒者たちが、みずからの学問としての儒学へコミットすればするほど、儒学を生みその伝統を長きにわたって守り伝えた中国に特別の感情をもったとしても不思議ではありますまい。とくに儒学が追い求める道なるものが、単に中国にのみ妥当する一国かぎりのものではなく、すべての人間が人間であるかぎり踏みおこなうべき普遍的な規範と考えられていたのですから、その儒学の発祥地である中国が他国とは異なる特別の地位を占めるものと映ずるのも、儒教世界を前提とするかぎり当然のことと言わざるをえません。中華の観念、あるいは中華と夷狄という自他差別の観念は、まさにこうした儒教的文化のなかで生まれた価値意識でした。すなわち儒教の『礼楽』的規範と価値を人間にとって普遍的なものとして受け入れ、それを伝統的な文化として尊重する国（つまり中国）を中華とし、それとは異なった文化の支配する国を夷狄として、両者を価値的に区別し、それぞれを優劣上下の関係に位置づけることにあるべき世界の秩序を見出す考え方がそれでした」

　この松本三之介東京大学名誉教授の論は、「儒教崇拝」と「中華崇拝」との関連性を、鋭く簡潔に指摘している。つまり江戸の儒学者たちは、儒教あるいは儒学を「人間が人間であるかぎり踏みおこなうべき普遍的な規範」と看做して崇拝しているからこそ、儒教・儒学を生み出した本場の国の中国を「中華」として崇拝せずにいられない。そして中国を「中華」として崇拝すると、自国の日本を結局、「中華」ではありえない「夷狄」として蔑むこととなるのである。

　本書の序章でわれわれは、中国を「中華」だと自賛し、周辺国を「夷狄」として蔑む「華夷秩序」の世界観が中国の伝統思想の一側面に根強くあることを見たが、江戸時代の多くの儒学者は結局、中国人の生み出したこの「華夷秩序」の世界観をそのまま受け入れたのである。唯一の違いは、中国人が自国を「中華」と持ち上げて他国のことを「夷狄」と貶めているのに対し、日本の儒学者はむしろ、自分自身の生まれ育った国を「夷狄」として蔑んでいることである。

　これほど倒錯した世界観は、宣長などの国学者から見れば、まさに除去すべき「漢意」からの汚染そのものであり、日本にとっての恥以外の何ものでもなかろう。だが、実は宣長の生まれる前から、このような倒錯した「華夷秩序」の世界観に叛旗を翻した日本思想史上の人物がいたのである。「中華崇拝」の林羅山の弟子として朱子学の勉学から出発した儒学者・兵学者の山鹿素行である。

「ブリタニカ国際大百科事典」によると、一六二二年（元和八年）に会津若松に生まれた山鹿素行は、幼時から漢籍を学び、六歳のとき江戸に出て、九歳のとき林羅山の門に入って朱子学を学んだ。十五歳のとき小幡景憲《おばたかげのり》、北条氏長《うじなが》について甲州流軍学を学び、神道、歌学、老荘にも詳しく、博学をもって鳴らしたという。三十一歳のとき播州赤穂藩主浅野長直《ながなお》に仕えたが、のちに仕官をやめて自由な立場で学問の研鑽に励んだ。

四十四歳のとき、素行は『聖教要録』を著して、前述の徂徠と同様の古学の立場から朱子学を批判し、九歳のときから親しんできた朱子学に別れを告げた。しかし、それが原因で、将軍の補佐役で朱子学の信奉者である保科正之によって弾圧を受け、赤穂藩での幽閉を命じられた。そして、まさにこの不遇の幽閉中の一六六九年（寛文九年）、素行は『中朝事実』という名著を書き上げ、中国を「中華」と崇拝し日本を「夷狄」だと見なす儒学者たちの倒錯した世界観を根底からひっくり返そうとしたのである。

儒学一本筋の一般でいう儒学者とは違って、素行は日頃から日本の歌学を学び、神道にも深い造詣があった。彼が本業の一つとして研鑽を積み重ねた兵学は、日本の兵学そのものである。日本の伝統に深い造詣と愛着を持っているが故に、素行は、自分の師である林羅山がそうであったような中国崇拝の儒学者たちとは一線を画した。

世の儒学者たちが中国を「中華」として崇拝する最大の理由は、要するに中国においてこそ「聖人の教え」が生まれて、「聖人の道」が行なわれていると思うからである。しかしそれに対して素行は『中朝事実』において、『日本書紀』などの日本の古典の記述を根拠にしてこう論じる。

中国で「聖人の教え」が生まれるはるか前から、わが日本においては神道というそれこそ本物の「聖教」がすでに広がっていた。そして天孫降臨以来の連綿たる皇統において、仁智勇の三徳を表す三種の神器をそのシンボルとする「聖人の道」が実際に行なわれてきている。のちに中国から伝わった儒教は単に、日本古来の、そして固有の「聖人の道」に言葉で表現を与えただけのことだ。儒教が伝わってこなくても、儒教が理想とするような教えと道は、この日本には昔からきちんとある。しかも、度重なる易姓革命で内乱や殺戮が繰り返されてきた中国とは違って、この日本においてこそ「聖人の道」は連綿と続く皇統と共に、絶えることなく保たれてきたのである。

したがって、もし「聖人の道」が行なわれていることが、中国が「中華」であることの理由であるならば、この日本こそが中国よりも「中華」であることに、ふさわしいのではないか。もし「聖人の教え」を生んだことが、中国を「中華」として崇拝する理由であるならば、儒教よりも遥か以前に無言の「聖人の教え」を生んだこの日本こそ、本当の「中華」として崇敬しなければならないのではないか――素行はそう考えたのである。

こうした独創的な理論を立てたうえで、素行はついにこう宣言したのである。「聖人の道」の内実をきちんと持っていて、それを古来、実行している「本朝」、すなわち日本こそが本当の「中華」である。われわれが崇拝すべき本物の「中華」は別に中国にあるのではない。われわれ自身が生きているこの日本にあるのだ、と。

それはおそらく、素行の師である林羅山らが開いた「中華崇拝」の風潮がこの日本で広がってきて以来、江戸時代の知識人の口から吐かれた初めての驚天動地の異議申し立てだったであろう。中国なんか「中華」ではない。素晴らしい伝統を連綿と守ってきたこの日本こそが本物の中華である。一つの大胆不敵な発想の転換をもって、素行は儒学者たちが崇拝してやまない「中華」を中国から奪い取って日本のものにした。そしてそうすることによって、「中華」と「夷狄」との関係を完全に転倒させたのである。

「脱中華」へ踏み出された決定的な一歩

日本の思想史における素行のこの功績を、どう評価すべきか。

本書を通してみてきたように、古来、日本人は、常に中華への対抗を意識して、さまざまな形で中華を相対化し、否定することによって、日本の自立性と優位を主張してきた。

飛鳥時代と奈良時代の日本人は、仏教という普遍的世界宗教を全面的に受け入れることによって、中華の世界に対抗した。平安時代から鎌倉時代、室町時代の日本人は、仏教を日本化させ、さらに神道の仏教からの自立を促すことによって、別の意味においての中華への対抗を試みた。そして江戸時代、朱子学の台頭で「中華崇拝」の風潮が広がるなか、素行が発した石破天驚《せきはてんきょう》の「日本こそが中華である」論は、まさにこのような日本思想史の伝統に立って、中国に対する日本の優位を正面から主張した。

しかも素行の場合、中国に対する日本の優位を主張するにあたって、仏教などの外来思想の力を借りることは、もはやなかった。日本古来の伝統において正しい「道」があるから日本が本物の「中華」なのだと主張するとき、素行は明らかに、中国に対する日本の優位性の根拠を「日本自身の伝統」に求めたのであった。

これは非常に重要な点である。

鎌倉時代末期の日本の神道思想の確立において、外来宗教の仏教に対する日本神道の優位性が主張されたことは第二章で記した通りだが、さらに素行は、天孫降臨以来の皇統と神道を中核とする日本の伝統に基づき、中国儒教に対する日本の優位性を強調してみせた。「どちらの方が本物の中華か」と問題設定して、日本の優位を説き、それによって中国古来の「華夷秩序」の世界観を正反対に転倒させたのである。

それはまさに、儒教と日本の伝統の両方に精通する素行でこそ成し遂げられた、一世一代の大仕事であったといえる。

だが、実は残念なことに、「脱中華」の到達点に近づいた素行の説には一つ、大きな落とし穴があった。素行が中国に対する日本の優位性を主張するとき、彼が依然として「中華」というものを優位性の物差しにしていたことである。つまり、「日本が素晴らしい」のは「本物の中華」だからと理屈づける素行は、依然として、「中華」という観念に囚われているのだ。

考えてみよう。素行が「日本こそが中華だ」と宣言したとき、彼はやはり、「中華」を国家と文明の理想的なモデルとして考えたていたはずだ。つまり素行においては、「中華」そのものは最初から崇拝すべき理想であった。日本と中国のどちらの方が本物の「中華」であるか、それだけが彼にとっての問題なのだ。

結局、素行は、日本の優位性を主張しておきながらも、依然として「中華」という価値観にしがみつき、「脱中華」への徹底的な一歩を踏み出せずにいたといえる。これをさらに進めて、日本思想史の「脱中華」の道を最後まで突き進めた人々こそ、本章の主人公である賀茂真淵や本居宣長などの国学者たちであった。

前述のように、真淵は「日本の古道」を絶賛して、儒教と中国の「聖人」たちの欺瞞性を暴いた。そして宣長は、日本の精神と思想の世界から「漢意」（すなわち中華）というものを、きれいさっぱり洗い去ることによってこそ、日本は日本本来の素晴らしさを取り戻すのだと説いた。

宣長によれば、「中華」を徹底的に排除して取り戻される本来の日本こそ、中国よりも遥かに優れた国なのである。「日本が日本であること」そのこと自体が、日本の中国に対する優位の根拠となっているのである。

ここで、素行と宣長の根本的違いがはっきりと見えてくる。素行は「日本が中華だから、日本が素晴らしい」と考えているのに対して、宣長はむしろ、「日本は中華でないからこそ素晴らしい」と言っているのだ。素行は日本の優位性を確立するのに依然として「中華」にしがみついたが、宣長においては「中華」は単なる無用の長物、というよりも有害な「汚染源」として切り捨てられたのだった。

同じように日本の優位性を主張するのに、素行と宣長との間には、実はそれほどの思想的落差があった。逆にいえば、宣長と彼が集大成した国学は、「漢意の完全排除」をもってこの大きな落差を乗り越える決定的な一歩を踏み出したのである。彼らが踏み出したこの大いなる一歩は、日本の思想史におけるもっとも鮮やかなコペルニクス的転回であったといえよう。ここにおいて、飛鳥時代からの「脱中華の日本思想史」は最終的到達点に至ったのであった。

終章　幕末と明治——儒教の復権と国民道徳の形成

武士たちに存在価値と生き甲斐を与えた朱子学

本書の第三章でわれわれは、江戸時代の思想史において、幕府によって官学に祭り上げられた朱子学が、仁斎学と徂徠学によって完全に否定され、切り捨てられた一部始終を見た。そして前章では、朱子学を含めた儒教思想の全体と、儒教思想の背後にある中国的考え方(漢意《からごころ》)が、さらに国学によって否定され、葬り去られた経緯を概観した。

しかし朱子学にしても儒教思想にしても、この時代の思想界において、あるいは思想史的レベルにおいて、否定され切り捨てられたものの、実社会においては依然として一定の影響力を持ち、江戸時代の日本人の考え方や精神に一定のインパクトを与えていた。特に朱子学の場合、江戸時代を通して幕府が一貫してそれを官学として奉じ、武士教育の基本にしていたから、それが武士層のものの考え方と精神の形成に大きな影響を及ぼさずにいられなかった。

江戸中期の宝暦期あたりからは、各藩で藩士子弟の教育のための藩校をつくることが流行となった。藩校の教育は当然、儒学を中心とするものであり、藩校の普及は武士階層における儒学の浸透にいっそう拍車をかけることとなった。その結果、町人社会における仁斎学や徂徠学の展開と国学の台頭を横目に、儒学、とりわけ朱子学は終始一貫、武士層のイデオロギーと精神形成の柱の一つでありつづけた。

幕府による朱子学の官学化や藩校の普及などの外的要因以外に、江戸時代の武士層が朱子学を自分たちのイデオロギーあるいは精神形成の要素として積極的に受け入れたのには、もう一つの内在的理由があった。本書の第三章で取り上げた朱子学の八条目、すなわち「格物、致知、誠意、正心、修身、斉家、治国、平天下」が、武士たちの心に大きく響いたことがその理由である。

戦国時代以来の武士というのは本来、武器を持って戦うことを本分とする階層であった。しかし江戸時代になると、長い天下泰平の下、武士はもはや戦うことなく、本職とする合戦の仕事を実質上失った。

しかし武士がそれで身分を失うことはなかった。戦わなくても武士は武士であった。このような状況下で、武士自身にとっても、社会全体にとっても、武士とは一体何をするものなのか、との問題が当然生じることとなった。

多くの武士たちは当然、自分たちの生きることの意味、武士としての自分自身の存在価値を改めて考えなければならない立場となった。主君からの禄を食《は》み、百姓の納めた年貢で生活している自分たちは、何のために存在しているのか。武士として、何かしなければならないことがあるのか。それらの問題は常に、武士層にとっての人生の大問題であった。

こうしたなかで、「格物、致知、誠意、正心、修身、斉家、治国、平天下」の朱子学の八条目は、武士層にとっての大いなる救いとなったはずである。身分と家禄が保障されてているなかで、この八条目を実践していくこと、そのこと自体が武士層に生きていくことの意味を与えたからである。

つまり武士たちは、こう思うことができるようになった——そうだ、日々において「誠意、正心、修身、斉家」に励み、自らの人格と道徳水準を高め、そしていざというときの「治国、平天下」に備えておくこと、それこそが自分たち武士のやるべき重大な仕事であり、自分たちに課された重大な使命ではないか。

このようにして朱子学の八条目、特にそのなかの「誠意、正心、修身、斉家」は、自らの存在意義に悩む多くの武士たちに、使命感と生き甲斐を与えてくれた。たとえば生涯無役のままでも、たとえば人の役に立つような仕事に就かなくても、武士たちは自分自身の内面において「誠意、正心、修身」を行なうことはいくらでもできるし、一家の主となれば「斉家」することも当然できる。そしてそれらのことを実践していくことが、まさに武士たちにとって武士であることの拠り所であり、自らの存在意味の根拠となったのである。

こうしてみると、朱子学の八条目が武士たちの心に響いてくるのは、むしろ当然のことであった。というよりもむしろ、「誠意、正心、修身、斉家」の世界は彼らとにとっては干天の慈雨であった。江戸時代を通して、朱子学の理念が武士階層に深く浸透していったのは、自然の成り行きであっただろう。その際、武士たちは朱子学の難解な宇宙論や形而上学にほとんど興味を示さなかった。「誠意、正心、修身、斉家」だけが武芸の精進と並んで、いわば武者修行の重要な項目となったのである。

朱子学の「誠意、正心、修身、斉家」が目指しているのは、当然、儒教的人間の養成であり、その中心となるのは忠孝や仁義礼知信などの儒教的徳目である。八条目に従って武者修行していけば、武士たちは結局、儒教的道徳倫理を内面化した儒教的人格を自らのなかで形成していくことになる。その結果、儒教の道徳倫理と朱子学の理念は、武士層のイデオロギーとアイデンティティの重要な一部となっていたのである。

そのことは、江戸時代において成立した「士道」、すなわち武士道の中身を見ればすぐにわかる。

「士道」を理論的に確立した思想家として知られるのは、本書の第四章に登場した山鹿素行である。大正生まれの日本思想史家の源了圓《みなもとりようえん》氏が、素行の考える「士道」の内容について次のように論じている（源了圓『徳川思想小史』）。

「彼（素行）がいおうとしているところは、生産に従事しない武士の職分は、人倫の道を実現し、道徳の面で万民のモデルとなるところにある、と思われる。いやしくも武士たるものはこの職分を自覚し、人倫の道の実現に邁進する勇気をもたねばならない、このためには、(1)気を養う、(2)度量、(3)志気、(4)温藉《おんしや》、(5)風度、(6)義利を弁ずること、(7)命に安んずること、(8)清廉、(9)正直、(10)剛操、の心術を養わねばならない、と彼はする。これは第一の段階で、これらの心術を身につけたものはさらに、(1)忠孝を励む、(2)仁義に拠る、(3)事物を詳らかにする、(4)博く文を学ぶ、等のことを通じて、道徳の面でも教養の面でもさらに自己を深めていかなければならないとしている」

源了圓氏による以上の記述を一目、眺めればわかるように、山鹿素行が日本の武士に提示した「士道」の中身は、まさに朱子学の八条目のなかの「誠意、正心、修身、斉家」の翻案であり、「忠孝」や「仁義」などの儒教的徳目のそのままの移植なのである。戦いの場を失った日本の武士層は結局、朱子学の「誠意、正心、修身、斉家」や儒教の「忠孝」と「仁義」の世界に、自らの存在価値と生きる意味を見出す以外になかったのであろう。

　このようにして、江戸時代の思想史において、朱子学と儒教の倫理と思想は、仁斎学や徂徠学、そして国学によって徹底的に否定されたにも関わらず、それは一種の実践的な倫理学、あるいは人格形成の修養法として武士層によって広く受け入れられ、日本の武士道の欠かせない構成要素となっていた。

　そして、江戸時代において形成された、このような儒教的色彩の強い武士道、あるいは武士的人格は、実は明治から始まった日本の近代化にも大きな影響を及ぼし、近代日本の国民道徳の形成にも大いに寄与したのである。

　というのも、幕末期に大いに活躍して明治の日本国家を作り上げたのはまさに、江戸時代において「誠意、正心、修身、斉家」に励み、「治国、平天下」の夢に燃えていた彼ら武士だったからである。

なぜ儒教が「尊皇攘夷」の理論的支柱となったのか――会沢正志斎

　幕末期はある意味では、多くの武士たちにとって、血が沸くような本望の時代であっただろう。西洋列強の襲来によって長年の天下泰平の夢が破れて、日本という国は深刻な危機に陥った。このような時世においてこそ、平素より「誠意、正心、修身、斉家」に励み、「治国、平天下」の抱負を胸に刻んできた彼ら武士は、まさに武士としての抱負を実現させ、国を救い天下を安んずる千載一遇の機会を得た。危機が迫るなかで、水戸藩や長州藩などの諸藩から多くの志士たちが立ち上がった。彼らは藩という枠組みを超えて「日本」という国家意識に目覚め、「尊皇攘夷」のスローガンの下で西洋列強の脅威から日本を守るための運動に身を投じた。

その際、志士たちにとっての「攘夷」とは、列強の政治的干渉や軍事的脅威を排除するための攘夷であると同時に、強大な西洋文明に対抗して日本の伝統と精神を保持していくための戦いでもあった。のちに尊皇攘夷が討幕運動と化して、倒幕によって誕生した明治政府は一気に「文明開化」に走ることになるが、少なくとも幕末期の最初の段階では、政治・軍事・文化などのあらゆる面で西洋の排斥を訴える攘夷思想が、幕末志士たちの明確なイデオロギーであった。

そのことは、尊皇攘夷運動の理論的旗手である水戸藩士・会沢正志斎の著作を読めば一目瞭然である。会沢正志斎が書き残した多くの著作のなかで一番有名なのは『新論』である。幕末期に全国の志士たちに広く愛読され、尊皇攘夷運動のバイブルとして尊ばれたから、尊皇攘夷思想の本質を解読するための最適なテキストであろう。

『新論』は「国体」（上、中、下）と「形勢」「虜情《りよじよう》」「守禦《しゆぎよ》」「長計」の七章からなる。「形勢」「虜情」「守禦」「長計」の四章は、当時の国際情勢や列強の侵略的意図について考察し、それに対して日本の取るべき対応策を提言したものである。それに対し、上、中、下の三章からなる「国体」は、日本という国の原理を明らかにし、それを根拠に尊皇攘夷の必然性を理論的に説いたものである。

会沢正志斎は「国体」の三章で、日本という国はその基本原理において西洋の考えとは相容れないから、国体としての原理を守っていくために、日本はまず、思想のレベルにおいて西洋的考え方に対する排斥、すなわち思想上の「攘夷」を断行しなければならないと主張する。

では、日本の国体の基本原理とは何か。会沢正志斎が持ち出してきたのは実は、儒教の説く「忠孝の道」であった。彼曰く、日本という国では古来、「神聖ハ忠孝ヲ以テ国ヲ建ツ」のだから、肇国以来の皇国の道はまさに忠孝の道にほかならない。したがって、「忠孝」の二文字こそが日本の国体の基本なのである。

しかしこのようなことを主張してしまうと、次のような反論が返ってくることも予想される。「忠孝の道」とは本来、中国儒教の説くものではないのか、それが一体どうして皇国日本の国体の基本となりうるのか。

予想されたこのような批判に対して、会沢正志斎は次の答えを用意していた。「忠孝の道」は確かに儒教の説く道である。しかしそれは何も中国限定の道ではなく、まさに天地の大道であり、四海万国共通の道なのである。そして皇国のわが日本においてこそ、この天地の大道はもっともよく実現されているから、それが日本の国体の基本であることはむしろ当然のことである、と。

会沢正志斎はここでまず、「忠孝の道」は中国儒教の説く道であることを認めた。認めていながらも、「わが日本においてこそこの忠孝の道がもっともよく実現されている」と言って日本こそが儒教の道の「本場」であるとの逆説を展開した。

彼はまさにこの逆説をもって、中国発祥の「忠孝の道」が日本の国体の基本となりうることを論じてみせたが、よく考えてみればそれは、前章で取り上げた山鹿素行の「我ら日本こそは本物の中華」の考えと、まさに一脈相通じるものである。「日本こそが本物の中華」と言い張って日本の優位性を主張するのが素行のねらいであるが、前章において論じた日本思想史のコペルニクス的転回によって、「日本こそが本物の中華」という素行の思想は、「中華はいらない」という真淵と宣長の国学によって否定され、超克されていたはずである。

しかし幕末になると、会沢正志斎は結局、国学の成し遂げた思想史上のコペルニクス的転回から後退して、超克されたはずの素行の思想に再び戻ったわけである。

その結果、宣長によって切り捨てられた「漢意」が復活しただけでなく、漢意の最たるものである「忠孝の思想」が会沢正志斎の提唱する日本の国体の中心概念となってしまい、日本の精神の中心に据えられることとなった。それは明らかに、国学の流れに対する逆行と反動にほかならないが、残念ながら幕末の思想史は、まさにこのような逆行と反動から始まったものである。

そのとき宣長はもはやこの世にいないが、もし彼が黄泉の国で会沢正志斎の『新論』を目にしていたら、自分たちは一体何のために苦労して漢意の排除を成し遂げたのかと深く嘆いたであろう。

しかし宣長がどう嘆こうが、時代の趨勢が変わることはない。幕末における「漢意の復権」は時代の成り行きの結果であると同時に、時代の要請に基づくものでもあったからだ。尊皇攘夷運動を担う主体は武士であるから、彼らが自らのアイデンティティの一部となった儒教の理念を運動の指導的理念として持ち出したのはむしろ当然の成り行きであった。のちに武士たちの作り上げた明治国家においても、儒教思想が国家的イデオロギーの一部となった理由の一つはここにあろう。

その一方、儒教の思想や朱子学の理念が尊皇攘夷運動のイデオロギーの一部となったことは、運動の性格と目的からの要請でもあろう。尊皇攘夷の「夷」はすなわち西洋列強のことであるが、前述のように、攘夷は西洋列強からの政治的影響や軍事的脅威の排除であると同時に、西洋文明に対抗して日本の伝統と精神を保持することも主要なる内容の一つとしていた。

西洋文明の中核となる西洋の思想や理念にどう対抗するのか。幕末期の武士たちは結局、会沢正志斎の『新論』がそうしたように、儒教の思想や朱子学の理念を、西洋と対抗するための思想的武器として持ち出したわけである。

その理由の一つは、宣長の国学よりも儒教の思想理念が武士に馴染みの深いものであったことであろう。それと同時に、おそらく幕末の志士たちからすれば、西洋の思想や理念に十分に対抗できるのは、日本で生まれたばかりの国学ではなく、やはり歴史の重みがあって、江戸時代を通して幕府の指導原理ともなり、きちんとした理論体系が整えられていた儒教や朱子学の方だと考えるのが自然であったはずだ。

本書の第一章でわれわれは、飛鳥時代の日本人が、きちんとした理論体系を持つ儒教に対抗するために世界宗教の仏教を利用した歴史の経緯を見たが、時を一千数百年も経た江戸の幕末期、外来文明の西洋と対抗するために、日本人は今度は、中国の儒教思想を理論的武器として使おうとしたのである。

飛鳥時代の日本人も幕末の日本人も、そのときの歴史的課題に対処して、それぞれの理論的武器を選択したわけであるが、その結果、前者の場合は、仏教が日本の国教としての地位を確立したのに対し、後者の場合、日本の国学によって一度は否定された儒教思想が見事に復権し、幕末から近代にかけて日本という国のイデオロギーの一部となっていったのである。

佐久間象山「東洋道徳・西洋芸術論」の思想史的役割

尊皇攘夷運動の理論武装の一部であった儒教思想が明治以後の近代日本のイデオロギーとなった契機の一つには、幕末期に活躍した先覚者の佐久間象山の思想がある。

幕末期の最初の段階では、西洋に対する全面排斥が尊皇攘夷運動の主題であったが、運動が展開していくなかで、それが徐々に変わっていった。

攘夷運動のクライマックスとなったのは薩摩藩の戦った薩英戦争と、長州藩が戦った下関戦争であるが、この二つの戦争を転機にして「攘夷」の風向きは明らかに変わっていった。

交戦した双方が大きな損害を被った薩英戦争のあと、交渉によってイギリスとの戦後処理を行なった薩摩藩は、それをきっかけにしてイギリスに急接近してイギリスとの親善関係を築くこととなった。一方、下関戦争では、長州の敗戦によって長州藩内の攘夷派が勢力を失ったが、それはまた、明治維新の原動力の一つとなる長州藩の変革のきっかけとなった。

それぞれ攘夷戦争を戦った両藩の武士と、この二つの戦争の結末を目の当たりにした全国の尊皇攘夷の志士たちは、軍事力をもっての攘夷はもはや不可能だと悟った。日本の国体と独立を守っていくためには、ただひたすら西洋を排斥するのではなく、むしろ西洋列強と関係を持って西洋から多くのことを学び、日本を強くしなければならない、と多くの志士たちが思った。

しかし、日本は一体西洋から何を学ぶべきか。西洋に学びながら、日本の国体と伝統をどうやって守っていくのか。それらの大問題に対して見事な答えを出していたのは、開国論者の佐久間象山と、彼が提唱した「東洋道徳・西洋芸術」の思想である。

開国に関する象山の考えは実に明瞭である。日本の独立と伝統を守るためには、西洋の進んだ知識や技術を積極的に学び、日本を強くしなければならない。象山は単に口先の理論で、こう主張していただけではない。彼自身がそれを実行して、オランダ語を学び、西洋の砲術を徹底的に学んだ。

その際、朱子学者出身の佐久間象山にとって、西洋の知識と技術を学ぶことはおそらく何の違和感もなかっただろう。「格物致知」はそもそも、象山自身が親しんできた朱子学の八条目の最初の二つだからだ。象山にとって、西洋の知識や技術を学ぶことは、朱子学の実践にもなるのである。つまり彼は、日本的なものを守ることと西洋のものを学ぶことを見事に融合させたわけであるが、そこから昇華した彼の思想こそ、「東洋道徳・西洋芸術」という有名なキャッチフレーズで表されるものであった。

その際の「西洋芸術」は当然、軍事技術などを含めた西洋の実用的知識と技術のいっさいを指している。象山からすれば、西洋列強から日本を守るために、日本人はこのような知識と技術を積極的に、全面的に学び取らなければならないのである。

しかしその一方、価値観や道徳倫理の面では日本はむしろ、自らの伝統的なものをきちんと守っていかなければならない。象山にとって、「西洋芸術」を学ぶことは日本を守るための手段にすぎないが、日本の伝統的価値観や道徳倫理を守ることはむしろ目的であって、それがすなわち「日本を守る」ことである。

こうしてみると、「西洋芸術」を積極的に学ぶべきだという点では象山の考えは、西洋の何もかもを排斥しなければならないという会沢正志斎の攘夷論とは正反対であるが、しかし、道徳倫理を高らかに掲げるという別の重要な点では、両者はむしろ趣を完全に一にしているのである。

会沢正志斎は日本人の守るべき国体の基本に儒教の思想を据えて、中国の思想をもって西洋と対抗しようとした。それに対し、象山が西洋の価値観や道徳倫理に対抗するものとして持ち出したのは「東洋道徳」であった。

ここで特に注目すべきなのは、象山が「日本道徳」ではなく、「東洋道徳」との表現を使っている点であろう。「東洋道徳」と言い出したことによって、象山は結局、会沢正志斎と同じように、中国の儒教思想を日本の守るべき伝統の主な内容の一つにしているのである。

つまり、西洋に対する両者の態度はまったく違っていたものの、中国儒教あるいは中国思想に対する両者の姿勢はまったくと言ってよいほど同じだったのである。正志斎も象山も明らかに、中国の儒教思想、すなわち宣長のいう「漢意」を高く評価して、それを日本の守るべき価値観や道徳倫理の中心に据えていた。

その結果、まさに会沢正志斎と佐久間象山というこの二人の幕末を代表する思想家を経由して、儒教の推奨と復権は「攘夷」と「開国」の違いを超えて幕末維新運動の思想的底流をなすこととなった。そして、維新運動を成し遂げて新しい明治国家を作り上げたのは、まさに会沢正志斎や佐久間象山の思想的ＤＮＡを受け継いだ幕末の志士たちであった。そのことが、新しい明治国家の思想的特質を決めた。

かくして明治の日本が、国家神道の確立や王政復古を通して日本の伝統をその思想的根底に置いたのと同時に、儒教の思想もこの新しい国民国家のイデオロギーの一部となっていった。そして近代日本の国民道徳の形成に、大きな影響を及ぼすことになったわけである。

朱子学の翻案だった西村茂樹の『日本道徳論』

前述のように、幕末の尊皇攘夷はいつのまにか倒幕運動と化してしまい、それが結果的に、王政復古の形をとった明治国家の成立につながった。新しく誕生した明治国家は、天皇を頂点とした中央集権の国家体制を整えながら、神道を国家的イデオロギーの中心に据え、日本の伝統に基づいた国民国家を作り上げていった。

その一方、明治国家は「文明開化」というスローガンの下、西洋の文明と文化を全面的に導入して、自然科学・産業技術から法体制と教育制度のあらゆる分野における「西洋化」を推し進めた。

しかしこうしたなかで、前述の会沢正志斎や佐久間象山が直面したのと同じ問題が、再び浮上してきた。西洋文明を全面的に導入しながらも、日本の伝統とアイデンティティをどうやって守っていくのか、という問題だ。

自然科学・技術や社会諸制度の西洋化はともかくとして、国家の基本理念やイデオロギー、そして国民の精神と道徳も、すべて西洋的なものにしてしまって果たしてよいのかと、明治の人々は自問した。

国家のイデオロギーや国民の精神道徳の「全面西洋化」は当然、当時の日本ではありえない話であって、国家と国民が受け入れられるものではない。しかしそれでは、日本の伝統の保持と文明開化との折り合いをどうつけるべきなのか。

この問題に直面したとき、佐久間象山流の「東洋道徳・西洋芸術論」が再び大きな説得力を持ってくることとなった。象山のいう「西洋芸術」をより広く解釈して、科学技術だけでなく法体制や教育制度などの社会諸制度までに広げていれば、文明開化に必要な西洋文明の導入は思想的正当性を得ることになる。その一方、国家のイデオロギーと国民精神道徳を「東洋道徳」としてきちんと守っていれば、文明開化にもかかわらず、日本の国体、日本の伝統が維持できる。

つまり、象山の発した「東洋道徳・西洋芸術論」の一言をもって、日本の伝統保持と文明開化との折り合いを見事につけることができるし、会沢正志斎のいう「国体」はきちんと維持できるのである。

もちろんその際、会沢正志斎のいう「国体」にしても、佐久間象山のいう「東洋道徳」にしても、中国発祥の儒教思想や朱子学の理念が当然のごとくその中心的な構成部分の一つとなっている。結局、明治時代に入ってからも、儒教と朱子学の思想と理念は、文明開化と折り合いをつけるための日本の国体の保持や国民道徳の保持という面において、大きな位置を占めることとなった。

そのことは、明治中期まで活躍した思想家・教育家の西村茂樹の『日本道徳論』（一八八七年）に明確に現れている。

佐野藩（現在の栃木県に存在した藩）の藩士の出身で明治政府成立のときにちょうど四十歳であった西村茂樹は、儒学を安井息軒に学び、洋学を佐久間象山に学んだ幕末維新期の知識人だ。明治国家の成立後、西村は文部省に勤めて教科書の編纂に携わったり、宮内省勤務となって天皇の侍講となったりして、晩年には貴族院議員に勅選されるなど、体制側の知識人として華麗な経歴を持つ人物である。その一方で、彼は福沢諭吉や森有礼などと共に、かの有名な明六社にも参加し、東京修身学社（のちに日本弘道会と改称）を設立するなど、民衆向けの啓蒙運動や教育活動にも身を投じた。

この西村茂樹こそ、儒教的倫理思想に基づく国民道徳形成の提唱者であり、儒教思想に基づく教育運動の推進者でもあった。

国民道徳の形成に関する西村茂樹の考えは、その著書の『日本道徳論』に集約されている。そのなかで彼はまず、次のように論じている（以下、引用は、和辻哲郎『日本倫理思想史〈四〉』〈岩波文庫、二〇一一年〉より）。

江戸時代の日本は儒道を道徳の標準にしていたが、維新の際にこれを廃棄した。その結果、今（明治初期）の日本は道徳の標準を持たない「世界中一種特別の国」となった。しかしこのような状態が続けば、国民の道徳は地に墜ち、日本国の運命は危うくなるのではないか。

そうならないために、国民道徳が再建されねばならない。問題は、再建すべき国民道徳は何を基準とし、何に拠るべきかである。そこで西村茂樹は、キリスト教と仏教を「世外教」として排斥する一方、儒教と西洋哲学を持ち出して、両方の長所を加えたものを国民道徳再建の基準とした。

「儒教と西洋哲学の両方の長所を加えたもの」とはいっても、もちろん西村茂樹において国民道徳の中核となるのはあくまでも儒教である。『日本道徳論』において彼が、「真理は儒道に言ふ所の誠にして、（中略）余が日本の道徳の基礎とせんとする者は即ち此真理にして」という言葉を書き残しているが、それを現代の日本語に簡約すれば要するに、「真理はすなわち儒教の唱える『誠』であって、私はこの真理を日本の道徳の基礎にしようと考えている」ということである。

西村茂樹はここで、儒教のいう「誠」を真理にまで持ち上げたうえで、それを日本の国民道徳の基礎にすべきだ、との考えを明確にしたのである。そしてさらに、西洋哲学には精妙な学理や厳密な論証法があるから、西洋哲学の方法論を国民道徳の構築に取り入れるべきだと彼は考えていた。

ならば、西村茂樹が儒教の「誠」に基づいて構築しようとする国民道徳の具体的内容は、一体どういうものか。

西村茂樹は、国民道徳の実践方法として次の五箇条を挙げている。

「第一、我身を善くし、第二、我家を善くし、第三、我郷里を善くし、第四、我本国を善くし、第五、他国の人民を善くす」

これを読めば、西村茂樹の提唱する国民道徳とは何かが、もはや一目瞭然であろう。何のことはない。朱子学の「修身斉家治国平天下」がそのまま、当時の現代日本語に翻訳され、国民道徳の基本にされたのである。

明治時代の日本における、朱子学のこのような見事な復権はまさに驚くべきものであるが、ここにはさらに、もう一つ非常に重要なポイントがある。

江戸時代を通して、朱子学の「修身、斉家、治国、平天下」は武士層の熱愛する理想理念となっていたことは、これまで記してきた通りであるが、それはあくまでも、武士層のイデオロギーに限定されたもので、一般の庶民にはあまり関係のないものであった。

しかし明治期の西村茂樹の「日本道徳論」となると、彼は明らかに、「修身、斉家、治国、平天下」を特定の社会階層のイデオロギーとしてではなく、むしろ全日本国民が身につけるべき「国民道徳」として唱えているのである。儒教が日本に伝来して以来、あるいは朱子学が日本に伝来して以来、それを日本全国民の道徳倫理として位置づけたのは、おそらく西村茂樹が初めてではなかろうか。

儒教思想に染まった教育勅語と、それに基づく国民道徳の形成

もちろん、当時の日本で大きな影響力を持っていた西村茂樹であるとはいえ、彼の提唱した「日本道徳論」はあくまでも一思想家・教育家の「私論」にすぎない。西村茂樹が朱子学中心の道徳論を唱えただけで、日本全国民がそのまま「修身、斉家、治国、平天下」の世界に入っていくようなことはまずあるまい。

だが、西村茂樹の『日本道徳論』が刊行された三年後の一八九〇年（明治二十三年）、近代日本の国民道徳の形成において決定的な影響力を持つ出来事が起きた。この年、国民道徳の基本を示す「教育勅語」（教育ニ関スル勅語）が天皇の名において公表されたのである。

本書では「教育勅語」の制定・公表の経緯を記す紙幅はないが、ここで「教育勅語」の文面を見てみよう。

「教育勅語」はまず、こう語り始めている。

「朕惟《ちんおも》フニ我カ皇祖皇宗国ヲ肇《はじ》ムルコト宏遠《こうえん》ニ徳ヲ樹《た》ツルコト深厚《しんこう》ナリ我カ臣民克《よ》ク忠ニ克ク孝ニ億兆心ヲ一ニシテ世々《よよ》厥《そ》ノ美ヲ済《な》セルハ此レ我カ国体ノ精華ニシテ教育ノ淵源《えんげん》亦《また》実ニ此《ここ》ニ存《そん》ス」

この冒頭の文面を読むと、日本という国の古来のあり方に関する教育勅語の言明は、この章で取り上げた会沢正志斎の「国体論」とはほぼ同じであることがわかる。会沢が「忠孝の道」をもって日本の国体の基本としていることは前述の通りであるが、教育勅語もやはり、「臣民克ク忠ニ克ク孝」を「我カ国体ノ精華」だと位置づけている。会沢正志斎の「国体論」がそのまま教育勅語に移植されていることは一目瞭然である。

このような国体論を打ち出したうえで、教育勅語は臣民に対して次のように諭したのである。

「爾《なんじ》臣民父母ニ孝ニ兄弟ニ友ニ夫婦相和シ朋友相信シ恭倹己《きょうけんおの》レヲ持シ博愛衆ニ及ホシ学ヲ修メ業ヲ習ヒ以テ智能ヲ啓発シ徳器《とくき》ヲ成就シ進《すすん》テ公益ヲ広メ世務《せいむ》ヲ開キ常ニ国憲ヲ重《おもん》シ国法ニ遵《したが》ヒ一旦緩急アレハ義勇公ニ奉シ以テ天壌無窮《てんじょうむきゅう》ノ皇運《こううん》ヲ扶翼《ふよく》スヘシ」

教育勅語の中心部分となるこの文面は、よりわかりやすい日本語に直せばこうなるのであろう。

「爾臣民、父母に孝に、兄弟に友に、夫婦相和し、朋友相信じ、恭倹己れを持し、博愛衆に及ぼし、学を修め業を習い、以て智能を啓発し、徳器を成就し、進んで公益を広め、世務を開き、常に国憲を重んじ、国法に遵い、一旦緩急あれば義勇公に奉じ、以て天壌無窮の皇運を扶翼すべし」

教育勅語はここでは、臣民＝国民が身につけるべきという有名な「十二の徳目」を提示している。そのなかには、「博愛を衆に及ぼす」や「智能の啓発」、あるいは「国法の遵守」など、文明開化以来の日本が西洋から受け入れた概念や観念が含まれている。そういう意味では教育勅語は、西村茂樹のいう方法論の範囲以上に、近代文明国家の価値観を国民道徳の一部として導入しようとしていたことはよくわかる。

その一方、孝行、和信、恭倹、そして徳器成就、義勇奉公などの儒教的道徳の項目と表現がふんだんに盛り込まれていることも注目すべきである。

教育勅語は、親孝行や夫婦相和という身辺の道徳実践からスタートして、学を修め業を学ぶことによって自らの「徳器」を成就し、さらに公益を広めて義勇奉公していくことを国民一人ひとりに求めている。しかし、よく考えてみれば、教育勅語が国民全員に求める道徳の実践はそのまま、朱子学が説く「修身、斉家、治国、平天下」の世界の翻案ではないか。言葉の表現こそ異なっているものの、教育勅語には朱子学の姿がはっきりと現れているのである。

言ってみれば、幕末期の会沢正志斎と明治期の西村茂樹を経由して、朱子学の八条目を理想理念と人生の信条とする江戸の武士たちの思想的ＤＮＡが、そのまま教育勅語に受け継がれて明治国家のイデオロギーとなった、といえるだろう。

そしてさらに、ここにはもう一つ、非常に重要な意味を持つポイントがある。儒教の本場である中国の場合、朱子学の唱える八条目はあくまでも読書人＝官僚というエリート階層に対する道徳実践の要請であった。日本の江戸時代の場合も、この八項目の「修身、斉家、治国、平天下」は基本的には武士階層の目指す世界であって武士たちのイデオロギーであった。

しかし、まさに教育勅語において一つの歴史的大変化が起きたのである。「修身、斉家、治国、平天下」はもはや、ある特定の社会階層のイデオロギーとしてではなく、日本国民全員の価値観と倫理観として、そして国民全員の歩むべき「人の道」として唱えられ、そして国民全員に求められたのである。

飛鳥時代の日本人が儒教を国家的イデオロギーとして受け入れることを拒否してから約千三百年、仁斎と徂徠が朱子学を徹底的に否定してから約二百年、そして朱子学と儒教全体を含めた「漢意」が宣長によって思想史的に葬り去られてから百年足らずにして、よりによって天皇から渙発された教育勅語において、儒教の思想と朱子学の価値観――すなわち「漢《から》意《ごころ》」そのものが、日本という近代国民国家のイデオロギーとなり、国民道徳として日本から国民全員に求められるようになったのだ。

国学によって排除されたはずの「漢意」は完全なる復権を果たしただけでなく、日本という国の国体の一部としての地位を手に入れ、日本国民全体においてかつてないほどの広がりを得ることになった。

このことは、本書のテーマである「脱中華の日本思想史」にとって、一体何を意味しているのだろうか。

明治国家と天皇——「漢意」によって歪められたか

本書の第四章で詳しく見てきたように、江戸時代後期に台頭してきた国学によって、朱子学のイデオロギーや儒教的倫理観などは「漢意」として排除され、思想史的に葬り去られた。

しかし近代になってから、排除されたはずの「漢意」は復権しただけでなく、新しい日本国家の国家的イデオロギーとして、あるいは国民道徳の柱として「君臨」するようになった。

それは一体、どういうことだったのか。宣長たちの国学によって「脱中華」の到達点に至ったはずの日本の思想が、近代の幕開けと共に、逆に「漢意」の全面的な受け入れに走ったのは一体なぜなのか。

「教育勅語」の制定と公表は、そういう意味では「脱中華」の視点から日本の思想史を捉えてきた本書の言説に対して、新たな疑問を突きつけるものでもある。

その疑問に答えるべく、明治以降の日本思想史を探究していくことは、筆者である私の次なる課題である。だが、ここではまず、儒教的思想と倫理観が「教育勅語」によって近代日本国家の国家的イデオロギーと国民道徳の一部となったことへの、私なりの疑義を呈しておこう。

本書の序章で、「徳治主義」が儒教的イデオロギーの柱の一つとして中国流の皇帝政治を支えていたことを論じた。「徳のある者が天下を支配する」という徳治主義のイデオロギーによって、政治権力の頂点に立つ皇帝はまずは「徳の化身」だとみなされる。そして、「徳の化身」としての皇帝こそが、「徳」を天下に広め、「徳」をもって天下万民を「教化」していかねばならないのである。

「皇帝は『徳の化身』だからこそ天下を支配する立場にある」とする考え方は、明らかに、虚構の「徳」によって皇帝の政治的支配権を正当化することを目的としている。そして、それと表裏一体で、「徳」をもって万民を「教化」することが皇帝の特権と使命なのだとする考え方も育まれてきた。

しかし、それはあくまでも儒教的イデオロギーによって規定されている中国皇帝のあり方である。まさに、宣長などの国学者が批判した「漢意」そのものであろう。日本の天皇のあり方は、「徳」を持つことがイデオロギー的に求められる中国皇帝のあり方とは、まるっきり異なっているはずである。

伝統的な日本の天皇のあり方では、日本を統べる天皇の「支配権」の正当性の根拠は神話に基づくものであって、天皇が日本に君臨することの唯一にして最大の根拠は、皇室が天照大神の子孫であることにある。したがって、「徳」があるかどうかは本来、天皇の地位とは無関係の話である。天皇は、儒教的な徳治主義の「徳」によって地位を保証されるような存在ではありえない。

その一方、日本伝統の天皇のあり方として、国の豊穣や万民の幸福を祈る最高祭司の役割を務めることこそが使命とされてきた。「徳」をもって万民を教化するようなことは決して天皇の仕事ではない。国学的考えからすれば、古の日本はもともと「徳のある」国であるから、わざわざそれを「教化」しなくても良いのである。

つまり、天皇はただ、そのままで存在し、国家と万民のために祈れば良いのである。このようなあり方こそ、日本の歴史の大半を通しての天皇の伝統的な御姿であったはずである。

だが明治時代になって、天皇が自ら「勅語」を渙発して、さまざまな倫理道徳観念を提唱し、国民を「教化」することになった。これは、伝統的な天皇のあり方からすれば、逸脱であると言わざるをえない。このような役割を担う天皇像は、日本伝統の天皇のあり方というより、むしろ中国皇帝の形に近づいているのである。

しかも、明治天皇が「教育勅語」で提唱した倫理道徳観念には、中国流の儒教思想からの借用が多く含まれていた。まさに、国学が言うところの「漢意」そのものである。そして、この教育勅語の提唱した「漢意」の儒教的倫理道徳観が、天皇の権威によって国民に広く浸透し、近代日本の国民道徳の形成に大きく寄与したことは周知の通りだ。

そういう意味では、明治からの日本の近代はむしろ、飛鳥時代から江戸時代までの「脱中華」の日本の精神史とは逆行するような時代だったと言えるかもしれない。このような逆行と、それがもたらした影響が、今でも日本の思想と精神に深い影を落としているのではないか。

明治日本が「脱中華」という点において逆行したことの思想史的意味とは何か。そしてそれが、近代以降の日本の国家と国民精神の形成にどのような影響を及ぼしたのか。このことは日本思想史において、今後、さらに探求していくべき大きな課題の一つであろう。

本書で見てきた「脱中華」の日本思想史、とりわけ「脱中華」に到達した国学的な考え方と、明治国家の儒教的な精神とを比較したときに、見えてくるものは何か。それを考えることを通して、われわれはまた、われわれ自身が生きている、現在の日本のあり方に対する理解を深めることができるのではなかろうか。

日本は果たして、いかなる国であるべきか。

明治日本の姿は、決してその唯一の答えではありえない。長い歴史を通して、日本人が挑み、考究してきたことに立脚しつつ、私も今後、さらに深く考えていきたい。

あとがき

本書の「まえがき」で、私自身が二十数年前から抱いてきた、日本思想史に対する疑問の一つを取り上げた。江戸期以前の日本の思想家は仏教指導者ばかりなのに、江戸期になってから思想家が儒学者からばかり輩出したのは一体なぜなのか、という疑問である。

本書のこれまでの考察と論述を通して、この疑問に対して一つの答えを出したつもりである。同時に、読者の皆さまにも、日本の思想史を考えるための新しい視点の一つを提供できたのではないかと思う。

しかし、この一冊の本をもって、筆者自身の日本思想史への疑問と探究が完結したわけでは、決してない。むしろ、新しい疑問と課題が浮上し、今後も探究を続けていかなければならなくなったように思う。その疑問とは、終章で問題提起したように、江戸晩期の国学の台頭によって、せっかく「脱中華の日本思想史」がその然るべき到達点に達していたのに、なぜ明治になってから「脱中華に逆行する動き」が起きたのか、である。

明治期の「国民道徳」の形成と「教育勅語」の渙発によって、日本の思想と国家のイデオロギーは、むしろ「脱中華」の流れに逆行して、再び「中華」に回帰したように見える。何しろ、「教育勅語」の内容は、まさに本居宣長がいうところの「漢意《からごころ》」を柱の一つとするものだったのだから。しかも、天皇が国民に対して道徳の基本を示すという行為自体が、中華皇帝流の「徳治主義」のやり方そのものであった。

どうして近代日本の思想史に、このような逆流現象が起きたのか。どうして明治になってから日本の天皇は、あたかも中華皇帝であるかのように振る舞うことになったのか。明治国家のイデオロギーと明治時代の日本思想の特質は一体何だったのか。そしてそれが大正と昭和にどのようにつなげられ、現在の日本思想にどのような影響を与えたのか。

これらの問題の解明は、本書を書いた私自身がこれから進んで引き受けなければならない仕事だが、ここでは簡単に、現段階での筆者の漠然とした見方を述べておこう。

まず想起すべきは、本書の第一章で詳しく記した「律令制」の導入である。大和朝廷は、飛鳥時代から積極的に中国の律令制を中心とした政治制度を導入し、中華流の中央集権政治体制を急ごしらえで整備した。その過程で、日本の「中国化」が急速に進められたわけだが、その最大の理由は、本書第一章で論述したように、やはり国防上の危機であった。

唐帝国が朝鮮半島への軍事的進出を進め、さらに白村江の戦いで日本軍が唐・新羅連合軍に敗れる状況のなか、中華帝国が日本に攻めてくるのではないかという国防上の重大危機が現実味を帯びるようになった。大和朝廷が「大化の改新」を進め、律令制の導入による中央集権制の整備を急スピードで推進したのは、まさにその前後のことである。強大な中華帝国に対抗して日本を守っていくために、国力の総動員と集中が急務となったが、そのためには、中国流の中央集権制こそが最良の制度だったのである。

考えてみれば、幕末明治期の日本人が直面した状況と課題は、飛鳥時代の大和朝廷とほぼ同じであった。

志士たちが幕府を倒して明治政府を作ったのは、「西洋列強の植民地政策にいかに対抗し、日本をどう守っていくか」という課題に直面したからである。そのために明治政府は、飛鳥時代の大和朝廷を遥かに上回る強大な中央集権の国家体制を作り上げた。

このプロセスにおいて「教育勅語」が渙発され、しかるべき国民道徳が天皇によって提唱されたわけだが、それはまさに、明治日本の中央集権体制を維持するために必要なイデオロギーとして求められたものであった。

このような時代的背景のもと、明治期には「脱中華に逆行する動き」が随所に見られるようになる。儒教を中心とした中国思想も、日本の国民道徳の中核の一部を占めるようになり、見事な復権を遂げた。

その後の短い「大正デモクラシー」を経由して昭和期に入ると、思想史的な「脱中華に対する逆流」は、むしろ加速した。昭和初期の日本は、対内的には天皇の絶対化を基軸とした全体主義的国家体制を作り上げ、対外的には日本を頂点とした「大東亜秩序」の建設に向け邁進したが、これはまるで「中華秩序」の日本版のようにさえ見える。

国家の形からすれば、この時期の日本ほど、中華帝国に類似している日本もない。思想史的にも、この時期の日本ほど中華思想に近い日本はない。しかしその結果、日本が辿り着いたのは、史上最大の敗戦、そして史上初めての国土被占領という破滅的結果であった。

そのような結果をもたらしてしまった近代日本の思想史の流れ――明治の教育勅語から昭和の大東亜秩序の建設までの流れ――を、いかに考えるべきか。その思想的背景に考察のメスを入れ、その功罪に公正な評価を下し、いかに後世への教訓とするか。私はそれを、本書に続く私自身の次なる仕事のテーマとしたいと考えている。

PHP新書
PHP INTERFACE
https://www.php.co.jp/

石　平［せき・へい］

1962年、四川省生まれ。1984年、北京大学哲学部を卒業後、四川大学哲学部講師を経て、1988年に来日。1995年、神戸大学大学院文化学研究科博士課程修了後、民間研究機関勤務。2009〜2016年、拓殖大学日本文化研究科客員教授。2002年、『なぜ中国人は日本人を憎むのか』（PHP研究所）の刊行以来、日中・中国問題を中心とした評論活動に入る。2007年、日本に帰化。2014年、『なぜ中国から離れると日本はうまくいくのか』（PHP新書）で第23回山本七平賞を受賞。近著に『習近平の終身独裁で始まる中国の大暗黒時代』（徳間書店）、『なぜ中国は覇権の妄想をやめられないのか』（PHP新書）など多数。

PHP新書 1130

なぜ日本だけが中国の呪縛から逃れられたのか

「脱中華」の日本思想史

二〇一八年一月二十九日　第一版第一刷

著者――石　平
発行者――後藤淳一
発行所――株式会社PHP研究所
東京本部――〒135-8137 江東区豊洲5-6-52
第一制作部 ☎03-3520-9615（編集）
普及部 ☎03-3520-9630（販売）
京都本部――〒601-8411 京都市南区西九条北ノ内町11
組版――有限会社メディアネット
装幀者――芦澤泰偉＋児崎雅淑
印刷所
製本所――図書印刷株式会社

ISBN978-4-569-83745-1

ＰＨＰ新書刊行にあたって

「繁栄を通じて平和と幸福を」（PEACE and HAPPINESS through PROSPERITY）の願いのもと、ＰＨＰ研究所が創設されて今年で五十周年を迎えます。その歩みは、日本人が先の戦争を乗り越え、並々ならぬ努力を続けて、今日の繁栄を築き上げてきた軌跡に重なります。

しかし、平和で豊かな生活を手にした現在、多くの日本人は、自分が何のために生きているのか、どのように生きていきたいのかを、見失いつつあるように思われます。そして、その間にも、日本国内や世界のみならず地球規模での大きな変化が日々生起し、解決すべき問題となって私たちのもとに押し寄せてきます。

このような時代に人生の確かな価値を見出し、生きる喜びに満ちあふれた社会を実現するために、いま何が求められているのでしょうか。それは、先達が培ってきた知恵を紡ぎ直すこと、その上で自分たち一人一人がおかれた現実と進むべき未来について丹念に考えていくこと以外にはありません。

その営みは、単なる知識に終わらない深い思索へ、そしてよく生きるための哲学への旅でもあります。弊所が創設五十周年を迎えましたのを機に、ＰＨＰ新書を創刊し、この新たな旅を読者と共に歩んでいきたいと思っています。多くの読者の共感と支援を心よりお願いいたします。

一九九六年十月

ＰＨＰ研究所